…ENT DE PARAITRE

C.-M.-J. DRICAS

Curieuse et Intéressante Brochure

SUR LES ÉVÉNEMENTS

PARIS

LIBRAIRIE DE LA CROISADE FRANÇAISE

9, rue de Beaujolais (Palais-Royal)

1893

CURIEUSE

ET

Intéressante Brochure

SUR LES ÉVÉNEMENTS

C'est

A la Vénérable Jeanne d'Arc

que nous dédions ce modeste ouvrage.

Plaise à Dieu

que, bientôt, elle soit placée sur nos autels!

Plaise à Dieu

que, bientôt, nous puissions l'invoquer

pour le triomphe de l'Église

et

le salut de notre chère

France!

C.-M.-J. DRICAS

Curieuse et Intéressante Brochure

SUR LES ÉVÉNEMENTS

PARIS

LIBRAIRIE DE LA CROISADE FRANÇAISE

9, rue de Beaujolais (Palais-Royal)

1898

PRÉFACE

A LIRE

Imaginez-vous, cher lecteur, que je me suis mis dans la tête de parler des événements futurs. Quelle drôle d'idée, me direz-vous? Oui, c'est tout à fait drôle, car... l'avenir!... l'avenir!... l'avenir est à Dieu ! et je ne suis, moi, ni un saint, ni un prophète, ni un fils de prophète. Mais qu'importe ? Léon XIII, lui aussi protestait qu'il n'était ni prophète, ni fils de prophète, et cependant il disait : *La marée des eaux qui va battre la pierre sur laquelle est bâtie l'Eglise, ne laisse voir à l'horizon que la menace de la colère de Dieu.*

On prie, et beaucoup prient, il le reconnaît, *mais cela ne suffit pas*, ajoute-t-il, *pour apaiser la colère de Dieu et cela pour des raisons cachées dans son Cœur sacré.*

Donc, après avoir étudié, pendant mes heures de loisir, les prophéties canoniques et privées, je puis bien, cher lecteur, vous donner un résumé et une concordance de toutes ces prophéties, tout en vous laissant la liberté de croire ou de ne pas croire.

Lisez-moi, je vous en prie, lisez-moi jusqu'au bout, vous n'en serez pas fâché : cette lecture excitera peut-être votre curiosité, mais peut-être aussi, à la fin, vous admettrez quelques-unes de mes opinions personnelles. Qui sait? peut-être irez-vous plus loin que moi, en admettant des choses qui me paraissent douteuses, tout en étant très obscures.

Allons, commencez !... je ne vous donne certes pas un travail littéraire, à périodes cadencées, mais un simple exposé des prophéties les plus curieuses, sans renoncer toutefois à vous faire connaître ensuite mes appréciations personnelles.

Humble fils dévoué et soumis

de la sainte Eglise romaine, je déclare condamner d'avance dans ma publication tout ce que le Saint-Siège y trouverait de contraire à la doctrine catholique!

C.-M.-J. DRICAS,
Prêtre séculier.

N. B. — Le 50 0/0 de la vente est destiné aux bonnes œuvres.

CURIEUSE & INTÉRESSANTE

BROCHURE

SUR LES ÉVÉNEMENTS

PRÉLIMINAIRES

« Dans les derniers temps, dit le
« Seigneur, je répandrai mon esprit
« sur toute chair, vos fils et vos filles
« prophétiseront, vos jeunes gens au-
« ront des visions et vos vieillards des

« songes mystérieux... et ils prophéti-
« seront. » (*Actes des Apôtres, Isaïe, Joël.*)

« Gardez-vous de mépriser les pro-
« phéties. » (*Ire Ep. aux Thes.*)

« Plus que jamais, nous devons nous
« tenir prêts pour un événement im-
« mense dans *l'ordre divin,* vers lequel
« nous marchons avec une vitesse accé-
« lérée et qui doit frapper tous les
« observateurs. La religion s'en va de
« dessus la terre ; le genre humain ne
« peut rester dans cet état. Des oracles
« redoutables annoncent d'ailleurs que
« les temps sont arrivés. »

(Comte DE MAISTRE.)

« Jamais il n'est arrivé de grands
« malheurs dans une ville, qui n'aient
« été prédits par quelques devins, ou

«annoncés par des révélations, des « prodiges ou autres signes célestes. »

(Machiavel.)

Conclusion. — N'ayons pas une crédulité exagérée, une crédulité de vieille femme pour tout ce que l'on nous dit, mais aussi ne faisons pas profession d'une négation absolue, radicale et systématique.

RÉSUMÉ & CONCORDANCE

DES DIVERSES PROPHÉTIES

SE RAPPORTANT AUX TEMPS ACTUELS

NOTA. — 1° Dans ce résumé, que nous divisons en versets, nous faisons passer les principales prophéties de la Vierge, de l'*Apocalypse* et de ses commentateurs, du vénérable Curé d'Ars, du solitaire d'Orval et autres prêtres, saintes femmes, religieux ou religieuses qui ont vécu aux XVe, XVIe, XVIIe, XVIIIe et XIXe siècles

2° Sauf le texte de l'*Apocalypse* auquel nous n'avons pas touché, nous avons cru devoir mettre au temps présent les autres textes prophétiques qui se trouvaient au futur.

3° La traduction des versets de l'*Apocalypse*, ainsi que des autres passages de l'Ecriture sainte, est tirée de l'ouvrage de M. l'abbé J.-B. Glaire : *La Sainte Bible selon la Vulgate, traduite en français*, etc.

V. 1. « La société est à la veille des « fléaux les plus terribles et des plus « grands événements. Dieu va frapper « d'une manière sans exemple. Malheur « aux habitants de la terre.

V. 2. « En l'année 1864, Lucifer, avec « un grand nombre de démons, seront « détachés de l'enfer : ils aboliront la « foi peu à peu, même dans les per- « sonnes consacrées à Dieu.

V. 3. « Les mauvais livres abonde- « ront sur la terre et les esprits des « ténèbres répandront partout un relâ- « chement universel pour tout ce qui

« regarde le service de Dieu. Ils auront
« un très grand pouvoir sur la nature.
« On fera ressusciter des morts et des
« justes (c'est-à-dire que ces morts
« prendront la figure des âmes justes
« qui ont vécu sur la terre afin de mieux
« séduire les hommes. Ces soi-disant
« morts ressuscités, qui ne seront autre
« chose que le démon sous ces figures,
« prêcheront un Evangile contraire à
« celui du vrai Christ-Jésus, niant
« l'existence du ciel), soit encore les
« âmes des damnés. Toutes ces âmes
« paraîtront comme unies à leurs
« corps.

« Il y aura en tous lieux des pro-
« diges extraordinaires, par ce que la
« vraie foi s'est éteinte, et que la fausse
« lumière éclaire le monde.

V. 4. « Malheur aux princes de l'Eglise
« qui ne seront occupés qu'à entasser

« richesses, qu'à sauvegarder leur au-
« torité et à dominer avec orgueil.

V. 5. « La sainte foi de Dieu étant « oubliée, chaque individu voudra se « guider par lui-même et être supé- « rieur à ses semblables..., tout ordre « et toute justice seront foulés aux « pieds : on ne verra qu'homicides, « haine, jalousies, mensonges et dis- « cordes sans amour pour la patrie, ni » pour la famille.

« Dieu permettra au vieux serpent « de mettre des divisions parmi les ré- « gnants, dans toutes les sociétés, dans « toutes les familles.

« On souffrira des peines physiques « et morales ; Dieu abandonnera les « hommes à eux-mêmes, et enverra « des châtiments qui se succèderont « pendant plus de trente-cinq ans.

V. 6. « Pour un temps, l'Eglise sera

« livrée à de grandes persécutions. Ce « sera le temps des ténèbres, l'Eglise « aura une crise affreuse.

« Le Vicaire de mon Fils, le Souve- « rain Pontife Pie IX, aura beaucoup « à souffrir ; les méchants attenteront « plusieurs fois à sa vie, sans pouvoir « nuire à ses jours ; mais ni lui, ni son « successeur, qui ne règnera pas long- « temps ne verront le triomphe de « l'Eglise.

« Qu'il ne sorte plus de Rome après « l'année 1859 ; mais qu'il soit ferme et « généreux. Qu'il combatte avec les ar- « mes de la foi et de l'amour. Je serai « avec lui.

« Qu'il se méfie de Napoléon : son « cœur est double ; et quand il voudra « être à la fois Pape et empereur, bien- « tôt Dieu se retirera de lui. Il est cet « aigle qui, voulant toujours s'élever

« tombera sur l'épée dont il voulait se
« servir pour obliger les peuples à se
« faire élever.

V. 7. « Les gouvernements civils
« auront tous un même dessein, qui
« sera d'abolir et de faire disparaître
« tout principe religieux pour faire
« place au matérialisme, à l'athéisme,
« au spiritisme, à toutes sortes de vices.

« L'Italie sera punie de son ambi-
« tion, en voulant secouer le joug du
« Seigneur des seigneurs. Aussi elle
« sera livrée à la guerre. Le sang cou-
« lera de tous côtés. Les églises seront
« fermées ou profanées. Les prêtres,
« les religieux seront chassés : on les
« fera mourir et mourir d'une mort
« cruelle.

V. 8. « Que ceux qui sont à la tête
« des communautés religieuses se tien-
« nent en garde pour les personnes

« qu'ils doivent recevoir, parce que le
« démon usera de toute sa malice pour
« introduire dans les Ordres religieux
« des personnes adonnées au péché :
« car les désordres et l'amour des
« plaisirs charnels seront répandus
« par toute la terre.

« Que le Pape se tienne en garde
« contre les faiseurs de miracles, car
« le temps est venu que les prodiges les
« plus étonnants auront lieu sur la
« terre et dans les airs.

V. 9. « Mauvaises récoltes ! Un nou-
« vel an paraît, des signes extraordi-
« naires sont dans le ciel ; dans la
« grande ville un grand personnage se
« convertit, la mort d'un autre est
« cachée pendant plusieurs jours ; dans
« la seconde cité les méchants adoptent
« un costume particulier pour se
« reconnaître ; le Pape meurt. Ils ne

« s'entendent plus; fuyez, enfants de « Dieu, fuyez, le jour des morts est « arrivé.

« Des cris retentissent de toutes « parts : Vive la République! Vive « Napoléon! Vive Henri! Vive Louis! « Vive la Religion! Vive le grand « Monarque que Dieu nous garde! « Quelle confusion! Les menaces du « socialisme sont imminentes. Malheur « à la bourgeoisie, avide de richesses « et de jouissances! elle a déclaré la « guerre à Dieu, elle sera punie.

« Le feu! le sang! la faim! tout « l'enfer! Le sang coule par torrent « dans le nord et le midi, l'ouest est « préservé à cause de sa foi. Les mé- « chants veulent tout détruire : ils « déploient toute leur malice, on se « tue, on se massacre mutuellement « jusque dans les maisons.

V. 10. « Malheur, trois fois malheur « à la cité du sang ! Malheur à la cité « de l'hérésie ! Malheur à la cité du « crime !

V. 11. « La France, l'Italie, l'Espa- « gne et l'Angleterre sont en guerre. « Le Français se bat contre le Fran- « çais ; l'Italien contre l'Italien. Voici « la guerre générale ; elle est épouvan- « table. Pour un moment Dieu ne se « souvient plus de la France, ni de « l'Italie, parce que l'Evangile de « Jésus-Christ n'est plus connu.

V. 12. « O ciel ! quel est ce roi de « terreur, accourant de l'aquilon avec « une armée si nombreuse ?... Il ravage, « il purifie la Gaule infidèle à son Dieu « et à ses princes.

V. 13. « Au premier coup de son « épée foudroyante, les montagnes et « la nature entière tremblent d'épou-

« vante, parce que les désordres et les « crimes des hommes percent la voûte « des cieux. Quel affreux moment ! « on se croit à la fin du monde. On « se bat ! oh ! comme on se bat tout « de bon !

V. 14. « Babylone est réduite en « cendres ! Malheur à toi, ville exé- « crable ! Depuis longtemps tu mérites « mon indignation. O maudite Baby- « lone qui t'es enivrée du sang de mes « saints, tu mets le comble à tes forfaits « et moi je te fais boire le vin de ma « colère ! tous les maux tombent à la « fois sur toi et dans un seul instant !

V. 15. « Elle est tombée, elle est « tombée, la grande Babylone (1), et « elle est devenue une demeure de « démons, et une retraite de tout esprit

(1) On pense que saint Jean veut désigner Paris.

« impur, de tout oiseau immonde et « qui inspire de l'horreur ; parce que « toutes les nations ont bu du vin de « la colère de sa prostitution ; et les « rois de la terre se sont corrompus « avec elle, et les marchands de la « terre se sont enrichis de l'excès de « son luxe... Sortez de Babylone, mon « peuple, de peur que vous n'ayez part « à ses péchés et que vous ne receviez « de ses plaies, parce que ses péchés « sont parvenus jusqu'au ciel et que « Dieu s'est souvenu de ses iniquités.

« Rendez-lui comme elle-même vous « a rendu, rendez-lui au double sèlon « ses œuvres ; dans la coupe où elle « vous a fait boire, faites-la boire deux « fois autant. Autant elle s'est glorifiée « et a été dans les délices, autant mul- « tipliez ses tourments et son deuil ; « parce qu'elle dit en son cœur : Je suis

« reine, je ne suis point veuve et je ne « serai point dans le deuil.

« C'est pourquoi en un seul jour « viendront ses plaies et la mort, et « le deuil, et la famine; et elle sera « brûlée par le feu, parce qu'il est « puissant le Dieu qui la jugera. Et ils « pleureront sur elle et ils se frappe- « ront la poitrine, les rois de la terre « qui se sont corrompus avec elle et « qui ont vécu avec elle dans les délices, « quand ils verront la fumée de son » embrasement, se tenant au loin dans « la crainte de ses tourments, disant : « Malheur! malheur! Babylone, cette « grande cité, cette cité puissante! En « une heure est venu ton jugement; « et les marchands de la terre pleure- « ront et gémiront sur elle, parce que « personne n'achètera plus leurs mar- « chandises, ces marchandises d'or et

« d'argent, de pierreries, de perles,
« de fin lin, de pourpre, de soie, d'é-
« carlate... de senteurs, de parfums,
« d'encens, de vin, d'huile, de fleur
« de farine, de blé, de bêtes de charge,
« de brebis, de chevaux, de chariots,
« d'esclaves et d'âmes d'hommes.

« Quant aux fruits si chers à ton
« âme, ils se sont éloignés de toi ; tout
« ce qu'il y a d'exquis et de splendide
« est perdu pour toi, et on ne le trou-
« vera plus. Ceux qui lui vendaient ces
« marchandises et qui se sont enrichis,
« se tiendront éloignés d'elle dans la
« crainte de ses tourments, pleurant,
« gémissant et disant : Malheur ! mal-
« heur ! cette grande cité, qui était
« vêtue de lin, de pourpre et d'écarlate,
« parée d'or, de pierreries et de perles !
« En une heure ont été anéanties de
« si grandes richesses, tous les pilotes,

« tous ceux qui naviguent sur le lac, « les matelots et tous ceux qui font « le commerce sur la mer, se sont tenus « au loin et ont crié, voyant le lieu de « son embrasement, disant : Quelle « cité semblable à cette grande cité ?

« Et ils ont jeté de la poussière sur « leur tête, et ils ont poussé des cris « mêlés de larmes et de sanglots, « disant : Malheur ! malheur ! cette « grande cité, dans laquelle sont de- « venus riches tous ceux qui avaient « des vaisseaux sur la mer ! en une « heure elle a été ruinée. Ciel, réjouis- « toi sur elle, et vous aussi, saints « apôtres et prophètes, parce que Dieu « vous a fait pleinement justice d'elle...

« Et la voix des joueurs de harpes, « des musiciens, des joueurs de flûte « et de trompette, ne sera plus en- « tendue en toi ; et nul artisan d'aucun

« métier ne sera trouvé en toi ; et le
« bruit de la meule ne sera pas entendu
« en toi désormais ; et la lumière des
« lampes ne luira plus en toi désormais,
« et la voix de l'époux et de l'épouse
« ne sera plus entendue en toi, parce
« que tes marchands étaient des princes
« de la terre, et que par tes enchante-
« ments se sont égarées toutes les
« nations. Et dans cette ville a été
« trouvé le sang des prophètes et des
« saints, et de tous ceux qui ont été
« tués sur la terre. (*Apocalypse*, c. XVIII.)

V. 16. « Plusieurs autres grandes
« villes sont ébranlées et englouties par
« des tremblements de terre. On ne
« voit qu'homicides, on n'entend que
« bruit d'armes et que blasphèmes.
« On croit que tout est perdu. Les
« justes souffrent beaucoup, mais leurs
« prières, leurs pénitences et leurs

« larmes montent jusqu'au ciel et tout « le peuple de Dieu demande pardon « et miséricorde et demande mon aide « et protection.

V. 17. « Jésus-Christ, par un acte « de sa justice et de sa grande misé-« ricorde pour les justes, commande « à ses anges que tous ses ennemis « soient mis à mort et voilà qu'un fléau « instantané, terrible, épouvantable et « tout nouveau, se fait sentir dans le « monde entier ; il est dirigé unique-« ment contre les impies. De grands « pécheurs se convertissent, parce « qu'ils reconnaissent la main de « Dieu.

V. 18. « Le jour de la justice est » venu. Je vois, à l'aspect de celui « qu'on a méconnu, le monde fléchir « et tomber. Une femme l'a sauvé, une « femme le suit, un ministre du Très-

« Haut, qui vient d'être oint de l'huile
« sainte, le soutient. Dieu les accom-
« pagne. Voilà votre roi. Il paraît au
« milieu de la confusion de l'orage
« Quel affreux moment !

V. 19. « Venez, jeune prince, venez !
« Joignez le lion à la fleur blanche et
« venez !... Ce qui est prévu, Dieu le
« veut. La famille royale n'a pas péri,
« le Seigneur se l'est choisie et l'enfant,
« il l'a gardé pour la France.

V. 20. « Il arrive le noble exilé, le
« donné de Dieu : grand front, sourcils
« élevés, grands yeux, nez aquilin. On
« l'acclame de toutes parts ; il vient,
« la lance lui est donnée par un grand
« prince d'Orient, les guerriers de la
« Gaule-Belgique l'aident puissamment.

V. 21. « L'enfant des lys est rentré
« en France : par son courage invin-
« cible, il détruit les fils de Brutus ;

« les ennemis sont abattus, les trois
« couleurs gauloises par lui sont jetées
« à terre ; il ne va pas habiter Paris,
« car les bêtes mêmes n'en approchent
« pas, il choisit ailleurs sa capitale.

V. 22. « Un homme juste et pieux,
« sorti de la Galatie, un saint, lève les
« mains au ciel et apaise la colère
« divine ; il monte sur le siège de Saint-
« Pierre ; le grand monarque sur celui
« de ses pères ; le sacre, le couronne-
« ment ont lieu, le trône est posé au
« midi. Tout s'apaise à leur voix ; les
« autels se relèvent... les injustices se
« réparent... le grand monarque a tout
« sauvé.

V. 23. « Trois mois de malheurs et de
« catastrophes sont passés ; la paix,
« la réconciliation de Dieu avec les
« hommes vient de se faire, grâce au
« monarque et au Pontife saint ; Jésus-

« Christ est servi, adoré, glorifié ; la
« charité fleurit partout ; les nouveaux
« rois sont les bras droits de la sainte
« Eglise.

« L'Eglise est forte, humble, pieuse,
« pauvre, zélée, imitatrice des vertus
« de Jésus-Christ. L'Evangile est prêché
« partout et les hommes font de grands
« progrès dans la foi, parce qu'il y a
« unité parmi les ouvriers de Jésus-
« Christ et que les hommes vivent dans
« la crainte de Dieu.

V. 24. « Le fils de saint Louis aime
« la religion, la bonté, la justice : sa
« destinée est de réparer, de régénérer.
« Il se forme le dernier des ordres reli-
« gieux, celui des soldats croisés ; ils
« portent sur leurs drapeaux l'image
« du Christ et cette armée sainte, com-
« mandée par le grand Roi, s'abat sur
« l'empire turc. Par la rapidité de sa

« marche, on voit bien que le Dieu des
« armées est à sa tête.

V. 25. « Les restes de la secte maho-
« métane sont rejetés dans la Palestine :
« ce pays-là seul, croit au faux pro-
« phète Mahomet : l'empereur turc ne
« règne plus que sur cette contrée
« d'Orient.

V. 26. « O Juifs ! traqués par toute
« l'Europe, vous l'achetez cette Pales-
« tine avec vos immenses richesses,
« pour y établir votre royaume de
« Juda ! Dieu vous attend ! vos yeux
« s'ouvrent à la lumière, vous recon-
« naissez que Jésus-Christ et Marie
« sont de votre race, votre gloire, votre
« honneur !

V. 27. « O Monarque aussi sage que
« puissant, plein de zèle pour les in-
« térêts et la gloire de Dieu et pour les
« intérêts de la sainte Eglise, accordez

« votre protection au Concile général,
« convoqué par le Saint Pontife et
« auquel accourent les délégués de
« toutes les nations de l'univers !...
« C'est fait : le sens des divines Ecri-
« tures est de nouveau déclaré et
« reconnu contraire à toutes les sectes
« qui ont déchiré le sein de l'Eglise
« depuis son berceau.

V. 28. « Dieu touche le cœur des
« hérétiques et des schismatiques :
« trois princes et rois mettent bas le
« manteau de l'erreur et voient clair
« en la foi de Dieu. Un grand peuple
« de la mer reprend vraie croyance en
« deux tierces parts.

« O ciel ! quel triomphe pour l'Eglise :
« c'est le plus beau qu'elle ait jamais
« vu. C'est la paix parmi les hommes ;
« il n'y a plus *qu'un seul pasteur et un seul*
« *troupeau.*

V. 29. « Cette paix n'est pas longue :
« vingt-cinq ans d'abondantes récoltes
« font oublier que les péchés des
« hommes sont la cause de toutes les
« peines qui arrivent sur la terre.

« Dieu seul est grand ! les biens sont
« faits ; les saints vont souffrir.

V. 30. « L'homme de mal arrive, un
« avant-coureur de l'antéchrist, avec
« ses troupes de plusieurs nations ; il
« combat contre le vrai Christ, le seul
« sauveur du monde. Il répand beau-
« coup de sang et veut anéantir le culte
« de Dieu, pour se faire regarder
« comme un dieu.

V. 31. « La terre est frappée de toutes
« sortes de plaies ; outre la peste et la
« famine qui sont générales, il y a des
« guerres.

« La fleur blanche s'obscurcit pendant
« dix fois six lunes et six fois dix lunes

« (cent quatre-vingts lunes ou quinze « ans)... puis disparaît pour ne plus « reparaître.

V. 32. « O le plus grand roi des rois « de France, tu as régné sur tout l'an- « cien empire romain et maintenant « je te vois, ô le dernier de ta race, je « te vois déposer à Jérusalem, sur le « mont des Oliviers, ton sceptre et ta « couronne !

« Le saint empire romain et chrétien « est fini !

V. 33. « Voilà la fausse paix dans le « monde. On ne pense qu'à se divertir. « Les méchants se livrent à toutes « sortes de péchés. Mais les enfants de « la sainte Eglise, les enfants de la foi, « mes vrais imitateurs, croissent dans « l'amour de Dieu et dans les vertus « qui me sont les plus chères. Heu- « reuses les âmes humbles, conduites

« par le Saint-Esprit ! Je combats avec « elles jusqu'à ce qu'elles arrivent à la « plénitude de l'âge.

V. 34. « La nature demande ven-« geance pour les hommes, et elle « frémit d'épouvante, dans l'attente de « ce qui doit arriver à la terre souillée « de crimes.

« Tremblez, terre, et vous qui faites « profession de servir Jésus-Christ et « qui, au dedans, vous adorez vous-« mêmes, tremblez, car Dieu va vous « livrer à son ennemi, parce que les « lieux saints sont dans la corruption,

V. 35. « Le voilà l'ennemi de Dieu, « l'antéchrist : il naît d'une religieuse « hébraïque, d'une fausse vierge, qui « a communication avec le vieux ser-« pent, le maître de l'impureté. Son « père est évêque. En naissant, il vomit « des blasphèmes, il a des dents. C'est

« le diable incarné. Il pousse des cris « effrayants, il fait des prodiges. Il ne « se nourrit que d'impuretés.

« Il a des frères qui, quoiqu'ils ne « soient pas comme lui des démons « incarnés, sont des enfants de mal. « A douze ans, ils se font remarquer « par les vaillantes victoires qu'ils « remportent. Bientôt ils sont, chacun « à la tête des armées, assistés par des « légions de l'enfer.

« Toutes les saisons sont changées, « la terre ne produit que de mauvais « fruits. Les astres perdent leurs mou« vements réguliers : la lune ne reflète « qu'une faible lueur rougeâtre. L'eau « et le feu donnent au globe de la terre « des mouvements convulsifs et d'hor« ribles tremblements de terre qui font « engloutir des montagnes et des « villes.

V. 36. « Rome perd la foi et devient
« le siège de l'antéchrist.

V. 37. « Les démons de l'air avec
« l'antéchrist font de grands prodiges
« sur la terre et dans les airs et les
« hommes se pervertissent de plus en
« plus.

« Dieu a soin cependant de ses fidèles
« serviteurs et des hommes de bonne
« volonté. L'Evangile est prêché par-
« tout. Tous les peuples, toutes les
« nations ont connaissance de la vérité.

V. 38. « J'adresse un pressant appel
« à la terre. J'appelle les vrais disciples
« de Dieu, vivant et régnant dans les
« cieux. J'appelle les vrais imitateurs
« du Christ fait homme, le seul et vrai
« Sauveur des hommes, j'appelle mes
« enfants, mes vrais dévots, ceux qui
« se sont donnés à moi pour que je les
« conduise à mon divin Fils, ceux que

« je porte, pour ainsi dire, dans mes « bras, ceux qui ont vécu de mon « Esprit ; enfin j'appelle les apôtres des « derniers temps, les fidèles disciples « de Jésus-Christ, qui ont vécu dans « un mépris du monde et d'eux-mêmes, « dans la pauvreté et dans l'humilité, « dans le mépris et le silence, dans « l'oraison et dans la mortification, « dans la chasteté et dans l'union à « Dieu, dans la souffrance et inconnus « du monde. Il est temps qu'ils sortent « et viennent éclairer la terre.

« Allez et montrez-vous comme mes « enfants chéris. Je suis avec vous et « en vous pourvu que votre foi soit la « lumière qui vous éclaire dans ces « jours de malheur. Que votre zèle « vous rende comme des affamés pour « la gloire et l'honneur de Jésus-Christ. « Combattez, enfants de lumière, vous

« petit nombre qui y voyez, car voici « le temps des temps, la fin des fins.

V. 39. « L'Eglise est éclipsée, le « monde est dans la consternation. « Mais voilà Hénoch et Elie remplis « de l'esprit de Dieu ; ils prêchent avec « la force de Dieu et les hommes de « bonne volonté croient en Dieu, et « beaucoup d'âmes sont consolées ; ils « font de grands progrès par la vertu « du Saint-Esprit et condamnent les « erreurs diaboliques de l'Antechrist.

V. 40. « Et je donnerai à mes deux « témoins de prophétiser pendant mille « deux cent soixante jours, revêtus de « sacs. Ce sont les deux oliviers et les « deux chandeliers dressés devant le « Seigneur de la terre.

« Et si quelqu'un veut leur nuire, « il sortira de leur bouche un feu qui « dévorera leurs ennemis ; et si quel-

« qu'un veut [illegible] offenser, c'est ainsi
« qu'il doit être tué.

« Ils ont le pouvoir de fermer le ciel « pour qu'il ne pleuve point durant les « jours de leur prophétie et ils ont « pouvoir sur les eaux pour les changer « en sang et pour frapper la terre de « toutes sortes de plaies, toutes les fois « qu'ils voudront.

(*Apocalypse*, chap. XI, 3-7.)

V. 41. « Malheur aux habitants de la « terre ! Il y a des guerres sanglantes « et des famines ; des pestes et des « maladies contagieuses. Il y a des « pluies d'une grêle effroyable, d'ani- « maux, des tonnerres qui ébranlent « des villes et des tremblements de « terre qui engloutissent des pays. On « entend des voix dans les airs.

« Les hommes se battent la tête contre

« les murailles. Ils appellent la mort « et d'un autre côté la mort fait leur « supplice ; le sang coule de tous « côtés, Qui pourra vaincre, si Dieu « ne diminue le temps de l'épreuve? « Par le sang, les larmes et les prières « des justes, Dieu se laisse fléchir.

V. 42. « Et quand ils (Hénoch et Elie) « auront achevé leur témoignage, la « bête qui monte de l'abîme leur fera « la guerre, les vaincra et les tuera. « Et leurs corps seront gisants sur la « place de la grande cité, qui est appelée « allégoriquement Sodome en Egypte, « où même leur Seigneur a été cru- « cifié.

« Et des hommes de toutes les tribus, « de tous les peuples, de toutes les « langues et de toutes les nations, « verront leurs corps étendus trois « jours et demi et ils ne permet-

« tront pas qu'ils soient mis dans un
« tombeau.

« Les habitants de la terre se réjoui-
« ront à leur sujet : ils feront des fêtes
« et s'enverront des présents les uns
« aux autres, parce que ces deux
« prophètes tourmentaient ceux qui
« habitaient sur la terre.

« Mais après trois jours et demi, un
« esprit de vie venant de Dieu entra en
« eux. Et ils se relevèrent sur leurs
« pieds, et une grande crainte saisit
« ceux qui les virent.

« Alors ils entendirent une voix forte
« du ciel, qui leur dit : Montez ici. Et
« ils montèrent au ciel dans une nuée
« et leurs ennemis les virent.

« A cette même heure, il se fit un
« grand tremblement de terre ; la
« dixième partie de la ville tomba et
« sept mille hommes périrent dans le

« tremblement de terre ; les autres
« furent pris de frayeur et rendirent
« gloire au Dieu du ciel.

(*Apocalypse,* chap. XI, 7-14).

V. 43. « Rome payenne disparaît et
« le feu du ciel tombe et détruit trois
« villes.

« Tout l'univers est frappé de terreur
« et beaucoup se laissent séduire, parce
« qu'ils n'ont pas adoré le vrai Christ
« vivant parmi eux.

« Il est temps ; le soleil s'obscurcit ;
« la foi seule va vivre.

V. 44. « Voici le temps, l'abîme
« s'ouvre. Voici le roi des rois des
« ténèbres. Voici la bête avec ses sujets,
« se disant le Sauveur du monde. Il
« s'élève avec orgueil dans les airs pour
« aller jusqu'au ciel. Il est étouffé par
« le souffle de saint Michel Archange.

« Il tombe et la terre qui, depuis trois
« jours, est en de continuelles évo-
« lutions, ouvre son sein plein de feu.
« Il est plongé pour jamais, avec tous
« les siens, dans les gouffres éternels
« de l'enfer.

V. 45. « Alors l'eau et le feu purifient
« la terre et consument toutes les
« œuvres de l'orgueil des hommes.
« Tout est renouvelé. Dieu est servi
« et glorifié. »

AU LECTEUR

Ce que vous venez de lire, ami lecteur, c'est, comme je vous l'avais annoncé, un résumé et en même temps une concordance des diverses prophéties, regardées comme les plus authentiques.

Il n'entre pas dans mon plan de vous en indiquer la source, de vous nommer toutes les personnes qui ont prophétisé, de vous faire connaître les dates précises de leurs prédictions, etc. Non, qu'il me suffise de vous dire que, dans ces prédictions, il n'y a rien de Mlle Couëdon, la prophétesse de la rue Paradis.

Mais, si vous désirez avoir plus de détails vous pouvez avantageusement consulter l'ouvrage de l'abbé Tholon : *Le Sauveur de demain, à la veille des événements.*

Cher lecteur, que me reste-t-il à faire maintenant ? A causer simplement avec vous et, par cet entretien familier, vous faire connaître mes appréciations personnelles sur les prophéties que vous venez de lire : libre à vous, bien entendu, je vous l'ai dit et je vous le répète, de les accepter ou bien de les rejeter totalement ou en partie; rappelez-vous cependant ce que vous avez lu dans les *Préliminaires* de ce livre : *Ne soyez pas systématique* dans votre incrédulité; réservez tout au moins votre dernier jugement pour la FIN.

Voyons, procédons avec ordre. Dans le chaos des prophéties que vous venez de lire, ami lecteur, on peut démêler trois choses bien distinctes : 1° une catastrophe prochaine, 2° un éclatant triomphe pour l'Eglise et la France, sa Fille aînée, 3° la fin des temps, précédée des signes avant-coureurs et du combat de l'Antéchrist.

Avant d'aborder les deux chapitres qui traiteront de ces trois grandes questions, nous allons voir dans un premier chapitre, s'il n'y a pas quelques versets de la Concordance qui se soient déjà réalisés.

CHAPITRE PREMIER

DES PROPHÉTIES

DÉJA RÉALISÉES

Nous allons indiquer les principales.

V. 2. *« En l'année 1864, Lucifer, avec un « grand nombre de démons, seront délachés de « l'enfer..... »*

Cette prophétie semble s'être parfaitement réalisée, car, s'écrie l'abbé

Touroude, « jamais Satan n'exerça un plus puissant et plus universel empire... Ne dirait-on pas qu'il a placé audacieusement son trône au-dessus de celui de Dieu, et qu'il se prépare à le chasser ignominieusement du monde pour régner à sa place?

D'après le témoignage d hommes très graves, il manifeste sa présence, d'une manière sensible, dans les réunions des chefs de la franc-maçonnerie, et reçoit dans ces conventicules leurs hommages et leurs adorations. »

« De tous les êtres autrefois maudits que la tolérance de notre siècle a relevés de leurs anathèmes, lisons-nous dans le *Journal des Débats*, Satan est, sans contredit, celui qui a le plus gagné au progrès des lumières et de l'universelle civilisation. »

Proudhon, dans un de ses ouvrages,

La Justice dans la Révolution, va **jusqu'à** appeler le démon en ces termes : « Viens, Satan, viens, toi le calomnié des prêtres et des rois, que je t'embrasse et te serre sur ma poitrine ! Il y a longtemps que je te connais et que tu me connais aussi. Tes œuvres, ô le béni de mon cœur, ne sont pas toujours belles ni bonnes, mais elles seules donnent un sens à l'avenir et l'empêchent d'être absurde... Espère encore, ô proscrit ! Je n'ai à ton service qu'une plume, mais elle vaut des milliers de bulletins. »

— « *Ils aboliront la foi peu à peu... ils ré-* « *pandront partout un relâchement universel* « *pour tout ce qui regarde le service de Dieu.* »

Et comment ? D'abord **par la mauvaise presse.** « *Les mauvais livres abonderont* « *sur la terre.* » Qui pourrait dire, en effet, le mal énorme que les mauvaises brochures, les mauvais journaux, les romans obscènes, les gravures immondes font dans l'âme du jeune homme ou de la jeune fille? Nous n'avons rien à envier aux Romains, le culte de Vénus est peut-être aussi répandu qu'il ne l'était dans l'antique république.

2° **Par l'hypnotisme** ou le magnétisme, aussi nuisible à la santé qu'à la moralité. Ecoutez les aveux des magnétiseurs.

« Des convulsions extraordinaires, dit Dupotet, dans son *Traité du magnétisme animal*, durent quelquefois six à huit heures sans interruption, et les personnes ainsi affectées restent malades pendant plusieurs jours, éprouvent un sentiment de brisement... J'ai vu dans quelques circonstances, graves à la vérité, les malaises résister au repos, aux antispasmodiques, et persister pendant plusieurs semaines. » Voilà pour la santé ; voici pour la morale.

Un jour, raconte Bernheim dans son *Traité de la suggestion*, M. Liégeois suggère à une dame de tuer M. P., ancien magistrat, d'un coup de pistolet. Avec une inconscience absolue et une parfaite docilité, cette dame s'avance sur M. P. et lui tire un coup de révolver...

« Que de crimes hypnotiques nous pourrions citer, écrit le P. Franco, qui ont été récemment déférés aux tribunaux et qui ont couru dans les feuilles publiques de Suisse et d'Italie ! »

« Un médecin nous affirme carrément, ajoute-t-il, que certains collègues de sa connaissance se servent habituellement de l'hypnotisme pour abuser des dames de leur clientèle. »

« Ne touchez jamais au magnétisme, s'écrie le docteur Tony Dunand ; du jour où le destin m'a forcé de m'en occuper, ma vie a été un *long martyre,* parce que, derrière ce que Mesmer et ses disciples ont nommé le magnétisme, se cachent les *démons,* qu'il faut vaincre, et ce n'est pas commode. »

3° **Enfin par le spiritisme,** si bien décrit dans le verset 3. Ecoutez ce que dit à ce sujet l'abbé Renaut, docteur en droit canonique : « Le spiritisme, dit-il, c'est l'action des mauvais anges, quand elle se manifeste à l'extérieur. Son premier acte fut la séduction d'Eve par Satan, caché sous la forme du serpent... Au temps de Tertullien, on faisait parler les tables et les chèvres... Il y a plus de quatre cents arrêts de nos anciens parlements qui ont reconnu, constaté, condamné les sorciers, les maléfices, les sabbats... »

Dans la seconde moitié de notre siècle, le spiritisme « fut une vraie épidémie, ajoute-t-il, et peu à peu on en arriva aux phénomènes les plus extraordinaires. A une pauvre veuve, on faisait entendre la voix de son mari, puis on lui en faisait voir une image qu'elle prenait pour lui-même; à un enfant, on remettait une lettre écrite de l'écriture de son père, mort depuis longtemps, et que le *médium* n'avait jamais pu connaître, etc, etc.

« Ces prestiges, qui s'attaquaient aux sentiments les plus vifs de la nature, aux cœurs, eurent un immense succès. Paris comptait plusieurs centaines de mille spirites, Lyon en avait cinquante mille, Marseille jusqu'à seize mille.

« Pour donner des solutions religieuses ou autres, on évoquait saint Augustin, saint Louis ou d'autres saints, formant un évangile opposé à celui de Notre-Seigneur. Allan-Kardec, avec ces doctrines spirites, explique *diaboliquement* tout l'Evangile.

« Faut-il ajouter que ces évocations eurent les plus tristes effets pour la paix et la prospérité des familles ? » « *Dieu* « *permettra au vieux serpent de mettre des divi-* « *sions... dans toutes les familles.* » (Vers. 3.)

.·.

V. 5. « *La sainte foi de Dieu étant oubliée, chaque individu voudra se guider par lui-même et être supérieur à ses semblables... tout ordre et toute justice seront foulés aux pieds : on ne verra qu'homicides, haines, jalousies, mensonges et discordes, sans amour pour la patrie, ni pour la famille... On souffrira des peines physiques et morales ; Dieu abandonnera les hommes à eux-mêmes, et enverra des châtiments qui se succèderont pendant plus de trente-cinq ans.* »

Ce verset a-t-il besoin de commentaires? Ne le voit-on pas se réaliser chaque jour davantage? Que de disputes, que de rixes, que de jalousies, que de mensonges, que de grèves surtout, dont nous sommes les témoins, parce que « chaque individu veut se guider par lui-même et être supérieur à ses semblables. » C'est du socialisme, ou plutôt c'est de l'individualisme tout pur!

Que d'homicides, que de suicides, même parmi les enfants! on les compte par centaines : c'est le fruit des écoles sans Dieu, c'est-à-dire des écoles de Satan, car là où n'est pas le bien est le mal, là où n'est pas Dieu est le Diable. Il n'y a pas de milieu : la neutralité est impossible.

Aussi, voyez la longue suite « des peines physiques et morales » dont on souffre depuis « plus de trente-cinq ans. »

— En 1847 et 1848, grande famine et peste, révolution, fuite du Saint-Père à Gaëte et république à Rome.

— En 1854 et 1855, choléra, terrible guerre d'Orient, première maladie de la vigne, l'oïdium.

— En 1859, guerre d'Italie, suivie de la fatale guerre du Mexique et du choléra de 1865 et 1866.

En 1870-1871, désastreuse guerre avec l'Allemagne et envahissement de Rome.

En 1873, proclamation de la République impie et satanique, apparition du philoxéra, décrets de plus en plus mauvais : dispersion des religieux, liberté de la presse, enlèvement des crucifix, loi scolaire et laïcisation, loi militaire, spoliation des communautés religieuses, etc., etc.

O France ! ô France ! quand donc ouvriras-tu les yeux ? O enfants de France ! jusques à quand mériterez-vous d'être châtiés ?...

∴

V. 6. « ... *Le Vicaire de mon Fils, le Sou-*
« *verain Pontife, Pie IX, aura beaucoup à souf-*
« *frir ; les méchants attenteront plusieurs fois à*
« *sa vie, sans pouvoir nuire à ses jours... Qu'il*
« *ne sorte plus de Rome après l'année 1859 ;*
« *mais qu'il soit ferme et généreux... je serai*
« *avec lui. — Qu'il se méfie de Napoléon, son*
« *cœur est double ; et quand il voudra être à la*
« *fois pape et empereur, bientôt Dieu se retirera*
« *de lui. Il est cet aigle qui, voulant toujours*
« *s'élever, tombera sur l'épée dont il voulait se*
« *servir pour obliger les peuples à se faire*
« *élever.* »

Quel Pape a souffert comme Pie IX ?

Pendant son long pontificat de trente-deux ans, il a enduré beaucoup de persécutions, beaucoup de peines physiques et morales. Saint Malachie l'avait désigné par cette expression : *crux de cruce,* long martyre.

Plusieurs fois, on a attenté à ses jours, sans cependant pouvoir lui nuire, car il a survécu à tous ses ennemis : Cavour, Napoléon, Victor Emmanuel, etc., etc.

En 1848, les révolutionnaires tirent sur les appartements du Saint-Père, et la balle qui lui était destinée vient frapper son secrétaire, Mgr Palma.

En 1867, on veut faire sauter, avec la caserne, le palais du Vatican : un des dépôts de poudre ne partit pas. N'est-ce pas providentiel?

Enfin le Pape Pie IX nous dit lui-même qu'il a été sauvé miraculeusement par Marie, lors de l'écroulement de la voûte d'une des salles du couvent de Sainte-Agnès, voûte qui avait été minée par la main des perfides sectaires de la Révolution.

Et maintenant si Léon XIII, à la suite de Pie IX, est prisonnier dans le palais du Vatican, à qui la faute, si ce n'est à Napoléon, « à ce cœur double », comme le dit la prophétie, qui a travaillé à l'unité italienne, aux dépens des Etats Pontificaux, tout en cherchant à ne pas trop froisser le sentiment des catholiques français?

Et quand il a voulu être à la fois « pape et empereur », en pensant établir à Naples une royauté vassale, et en provoquant les puissances à s'opposer au Concile du Vatican, il est précisément tombé sur l'épée allemande qu'il avait favorisée et a perdu la couronne à

Sedan. Quand on s'attaque à Dieu, Dieu abandonne!!!

*
* *

V. 8. « ... *Que le Pape se tienne en garde « contre les faiseurs de miracles, car le temps « est venu que les prodiges les plus étonnants « auront lieu sur la terre et dans les airs... Il y « aura (vers. 3), en tous lieux des prodiges ex- « traordinaires, parce que la vraie foi s'est « éteinte, et que la fausse lumière (les ténèbres « de Satan) éclaire le monde.* »

Nous avons déjà vu que par la suggestion, l'hypnotisme et le spiritisme, on opérait des choses tenant réellement du prodige, mais voici un fait tout nouveau, dont on parle beaucoup et qui est réellement surprenant.

La Vierge, dit-on, (l'autorité ecclésiastique ne s'est pas encore prononcée) serait apparue vingt-cinq ou vingt-six fois, à Tilly-sur-Seulles, dans la Normandie, à plus de soixante enfants, aux religieuses, maîtresses de l'école et à quelques autres personnes pieuses de la paroisse. Ces apparitions auraient commencé le 18 mars 1896 et se seraient terminées le 26 juillet de la même année.

Mais voici l'étonnant ! le prodigieux ! l'extraordinaire ! Depuis le 1er avril 1896, et cela dure encore au moment où j'écris (novembre 1897), des apparitions nombreuses, sous toutes formes, se montreraient aux regards d'un grand nombre de personnes : jeunes filles, jeunes gens, hommes, femmes, enfants.

Si le fait de l'école est divin, (on attend sur ce point le jugement de l'Evêque du lieu), ne serait-ce pas le démon, le singe de Dieu, qui viendrait troubler les esprits, cherchant à les égarer par des prodiges préternaturels ?

C'est notre avis : en tout cas, le fai
existe, fait surprenant, fait tout à fai
extraordinaire dont Tilly et les envi
rons sont chaque jour les témoins.

CHAPITRE SECOND

Catastrophe et Triomphe.

Art. I. — DE LA CATASTROPHE

1° En quoi consistera cette Catastrophe.

La catastrophe, d'après les prophéties, comprend trois choses : 1° une crise sociale, 2° une guerre générale et 3° un fléau inconnu qui frappera les méchants.

Crise sociale. — « Ils ne s'entendent plus... des cris retentissent de toutes parts : Vive la République! Vive Napoléon! Vive Henri! Vive Louis! Vive la Religion!... Quelle confusion!... Menaces du socialisme... Malheur à la bourgeoisie!... Le feu! le sang! la faim! tout l'enfer!... Le sang coule dans le nord et le midi, l'ouest est préservé... Les méchants veulent tout détruire... on se tue, on se massacre mutuellement. Malheur à la cité du sang! Malheur à la cité de l'hérésie! Malheur à la cité du crime! » (*Serait-ce Berlin? Londres? Paris?*) (V. vers. 9 et 10.)

Guerre générale. — « La France, l'Italie, l'Espagne et l'Angleterre sont en guerre... Voici la guerre générale, elle est épouvantable... pauvre France!

pauvre Italie !... Un roi de terreur (*prussien, sans doute !*) avec une armée nombreuse ravage et purifie la Gaule... on se bat si fort, qu'on se croit à la fin du monde... Paris, qui est la Babylone moderne, est saccagé, réduit en cendres... On croit tout perdu... » (Voir vers. 11, 12, 13, 14, 15 et 16).

Fléau surnaturel et inconnu. — « Jésus-Christ commande à ses anges... un fléau instantané, terrible, épouvantable et tout nouveau frappe les ennemis de l'Eglise dans tout l'univers... on reconnaît le doigt de Dieu. » (v. 17).

Ici on fera peut-être une objection. Comment ! un fléau *uniquement* pour les impies ! c'est invraisemblable ! c'est inouï !

Qu'on veuille bien se rappeler, et l'objection tombera d'elle-même, que les plaies d'Egypte frappaient *seulement* les Egyptiens et qu'elles respectaient les Hébreux.

Petite leçon de morale : Tâchons de ne pas nous trouver du côté des ennemis de Dieu, si nous ne voulons pas encourir sa colère.

Pour ce qui regarde la crise sociale, nous pouvons dire qu'elle se prépare partout. En Italie la position n'est plus tenable : Rome a eu tout dernièrement une émeute sanglante... elle a été provoquée par l'augmentation de l'impôt sur la richesse mobilière.

En France, la situation est bien critique ; depuis 1789, nous marchons de révolutions en révolutions. Relisez attentivement les versets 5 et 7 de la Concordance : n'est-ce pas le véritable portrait de toutes les puissances, de la France et de l'Italie en particulier?

Rien d'étonnant par conséquent que la crise sociale, qui est à nos portes, amène une guerre générale et que la Prusse en profite pour essayer d'achever son œuvre, commencée en 1870.

Paris doit être détruit : s'il n'a pas sauté dans la dernière guerre, ai-je entendu raconter, c'est grâce à un soldat, caché dans le Panthéon, qui aurait coupé la mèche à laquelle un communard venait de mettre feu et qui devait enflammer les barils de poudre qu'on avait entassés dans ce monument, *autrefois religieux*.

Eh bien ! Paris au lieu de se repentir ne fait que s'enfoncer davantage dans le crime, dans la haine de Dieu qu'il voudrait anéantir. Le verset 3 qui parle des mauvais livres et qui fait du spiritisme une description si exacte lui convient parfaitement bien. Paris c'est la « Prostituée » c'est de là que vient tout le mal. Dieu doit donc à sa justice de la châtier cette ville coupable.

Permettez-moi de vous citer ici un abominable scandale *entre mille,* arrivé tout dernièrement et que j'emprunte au numéro de l'*Eclair*, du 23 octobre dernier. Après cela, vous me direz si Paris ne mérite pas quelque châtiment exemplaire.

— « Lundi soir, une scandaleuse manifestation a déshonoré, à Paris, la voie publique. Les internes en médecine fêtaient la rentrée des cours, en donnant un bal travesti, dans la salle Bullier.

Par une parodie sacrilège, les étudiants avaient organisé une procession autour de la vieille et respectable église de Saint-Séverin. « Il y avait là, dit le *Matin*, des évêques, des archevêques et même des cardinaux, mitrés de carton doré, des bedeaux, des chantres en surplis : des enfants de chœur accompagnaient des bannières et hurlaient des hymnes qui n'avaient rien de liturgique. »

Une autre procession qui remontait le boulevard Saint-Germain était composée d'une armée de prétendus moines qui portaient des flambeaux et récitaient un chapelet d'obscénités. Les deux processions confondirent leurs rangs, leurs chants orduriers et leurs grossières gambades.

Le bal des Quat-z-arts, qui avait à juste titre, indigné le sénateur Bérenger, a été de beaucoup surpassé en horreurs... La police a toléré l'étalage de ces saletés sur la voie publique... elle a regardé d'un œil paterne les parodies sacrilèges, écouté sans rougir les immoralités les plus révoltantes.

Le scandale du boulevard n'était qu'un début. Quand la procession laïque se fut engouffrée dans la salle Bullier, la licence ne connut plus de bornes. Sur le boulevard, un reste de pudeur avait maintenu pliées les bannières des hôpitaux laïcisés. A l'entrée de la salle retentit le cri : « Dévoilez les bannières ! »

« Nous renonçons, dit le *Matin* à en faire la description pour des raisons multiples. »

Une d'elles représentait Notre-Dame-du-Bastion, hypnotisée par un lapin; plusieurs autres, des sujets qu'il n'est même pas possible d'indiquer...

Nous expurgeons le récit du *Matin* :

« Au son des cloches agitées par les moines, au son des instruments les plus bizarres, aux cris des femmes et aux chants des hommes, les différents cortèges, précédés des bannières, font le tour de la salle de Bullier.

Puis c'est une cohue. Une cohue à double étage. Les épaules des carabins se chargent du poids des femmes. Celles-ci sont aussi peu vêtues que possible...

Elles rient tant qu'elles en sont malades.

Au fond de la salle, Hippocrate, sur son torse de carton, remue sa tête de carton et « rigole ». Carabins et carabines se prennent la main, tournent, se précipitent en une ronde folle autour de la statue...

Et puis... et puis... il se passe des choses qui, paraît-il, ne se passent que là... »

Tels sont les amusements de la belle jeunesse sortie des écoles de l'Etat, celle à qui la République confie les femmes et les filles du peuple que la maladie livre à leurs soins dans les hôpitaux ! »

Paris cependant ne sera pas détruit tout entier, c'est le sentiment du saint curé d'Ars. Il y a du bon, en effet, de l'excellent ; le Sacré-Cœur de Montmartre sera miséricordieux, sans aucun doute, et nous avons des martyrs, les victimes du bazar de charité, qui sauront, je l'espère, défendre la cause de leur ville natale.

2° Combien durera cette catastrophe ?

Le verset 23 semble l'indiquer d'une manière précise : « trois mois de malheurs et de catastrophes sont passés... », il y en a même qui vont jusqu'à dire qu'elle commencera en septembre et que tout sera fini pour un avent. Trois mois, hélas ! c'est encore bien long ! Cela suffirait pour mettre tout à feu et à sang, si Dieu n'y mettait la main !

***

3° Quand arrivera cette catastrophe ?

C'est le secret de Dieu. Cependant comme nous avons déjà dit qu'elle se préparait partout, on peut bien ajouter qu'elle ne doit pas être éloignée. Je vous donnerai d'autres conjectures sur une date prochaine, quand je vous aurai parlé du triomphe : ce que nous allons faire à l'instant.

Art. II. — DU TRIOMPHE

1° En quoi consistera ce triomphe ?

Dans le règne éclatant d'un grand *monarque français* et d'un *pontife saint*. « Voilà votre roi !... il paraît au milieu de la confusion de l'orage... on l'acclame de toutes parts, il vient, la lance lui est donnée par un grand prince d'Orient. (*Ne serait-ce pas le czar ? l'alliance franco-russe, par un dessein providentiel, ne préparerait-elle pas ce grand coup ?*)... les guerriers de la Gaule-Belgique l'aident puissamment (*il n'y aurait rien d'étonnant, car la Belgique est tout à fait chrétienne-catholique !*)

L'enfant des lys est rentré en France : par son courage invincible, il détruit les fils de Brutus (*la révolution*)... les ennemis sont abattus, les trois couleurs gauloises par lui sont jetées à terre; il ne va pas habiter Paris, car les bêtes mêmes n'en approchent pas, il choisit ailleurs sa capitale. (*Peut-être Avignon, la ville des papes.*) *Voir versets 18, 20, 21.*

Voilà pour le *monarque*, voici pour le *saint pontife*.

« Un homme juste et pieux, un saint, lève les mains au ciel et apaise la colère divine; il monte sur le siège de Saint-Pierre; le grand monarque sur celui de ses pères... tout s'apaise à leur voix; les autels se relèvent... les injustices se réparent... le grand monarque a tout sauvé... Jésus-Christ est servi, adoré, glorifié; la charité fleurit partout... l'Eglise est forte, humble, pieuse, pauvre, zélée... l'Evangile est prêché partout, etc... (voir vers. 22 et 23.)

***

2° Quel sera le grand monarque?

Sera-ce un Napoléon? sera-ce un prince d'Orléans? Je ne sais. Peut-être ni l'un ni l'autre, car on n'est pas sûr qu'il n'existe pas de descendant du roi-martyr, Louis XVI. Au contraire ces mots : *celui qu'on a méconnu... une femme l'a sauvé... la famille royale n'a pas péri, le Seigneur se l'est choisie et* L'ENFANT, *il l'a gardé pour la France*, semblent clairement indiquer que ce rejeton existe et que Dieu l'enverra au moment voulu.

La *Quotidienne* de janvier et février 1831, écrit l'abbé Tholon, cite une relation d'après laquelle Louis XVI apparut à un pieux personnage et lui tint ce discours : « *La corruption a gagné des aînés « aux cadets et aux puînés; ma mort a payé « pour tous. Plusieurs se sont assis sur mon*

« *trône et y ont trouvé leur perte... tout ce qui* « *aura survécu s'assemblera un jour autour de la* « *place où mon sang a coulé; au milieu d'eux* « *paraîtra celui qu'on croit mort, à cause du* « *vêtement et de la nuée qui le couvrent... c'est* « *lui qui doit tenir mon sceptre en sa main;* « *il est l'aîné après moi...* » (*Fin de la Révolution*, par M. Pórieux, p. 91 et 92.)

On ne peut assurer ni le pour ni le contre, l'avenir dévoilera tout; mais ce serait digne de Dieu d'avoir sauvé et conservé miraculeusement un descendant d'un roi-martyr qui viendrait purifier la France du sang royal qu'elle a versé. Rappelons-nous que la France, notre bien-aimée patrie, est la *gâtée* du bon Dieu et de la sainte Vierge Marie, et que nous, Français, nous sommes le peuple choisi : nous avons toujours eu et nous aurons toujours la mission providentielle de défendre l'Eglise,

Rome et la Papauté : « *Votre postérité,* s'écria soudainement saint Remi, le jour du baptême et du sacre de Clovis, *votre postérité gouvernera noblement ce royaume ; elle glorifiera la sainte Eglise et héritera de l'empire des Romains. Elle ne cessera de prospérer tant qu'elle suivra la voie de la vérité et de la vertu ; mais la décadence viendra par l'invasion du vice.* »

Je crois, qu'en nos temps malheureux, nous avons autant besoin d'un sauveur providentiel, que Charles VII avait besoin d'une Jeanne d'Arc. Espérons ! Jésus-Christ qui « aime les Francs » et Marie qui « chérit la France » ne nous abandonneront pas : ils sauront faire même l'*impossible* pour relever, avec le trône et l'autel, l'honneur de notre patrie déshonorée !...

***

3° Combien durera ce triomphe et que se passera-il pendant sa durée ?

« Cette paix n'est pas longue : **vingt-cinq ans** d'abondantes récoltes font oublier que les péchés des hommes sont la cause de toutes les peines qui arrivent sur la terre. » (*Vers. 29*).

Il est un fait certain, c'est que le bonheur d'ici-bas, fait oublier celui d'en haut, les richesses de la terre font mépriser les richesses du ciel. O mon Dieu ! vous avez cependant dit vous-même ces paroles : *Væ vobis divitibus,* malheur à vous riches, parce que vous êtes saturés des plaisirs d'ici-bas, *quia saturati estis.*

Hélas ! quoique avertis, nous ne

savons même pas profiter de cet avis du ciel !

. . . .

Détournons un moment notre esprit de ces noires pensées, pour ne nous occuper que du triomphe de l'Eglise et de la France.

. . . .

Pendant ce triomphe on verra, d'après les prophéties :

a) **La destruction de l'empire turc.**

« Le fils de saint Louis aime la religion, la bonté, la justice : sa destinée est de réparer, de régénérer. Il se forme le dernier des ordres religieux, celui des soldats croisés ; ils portent sur leurs drapeaux l'image du Christ et cette armée sainte, commandée par le grand Roi, s'abat sur l'empire turc. Par la rapidité de sa marche, on voit bien que le Dieu des armées est à sa tête. Les restes de la secte mahométane sont rejetés dans la Palestine : ce pays-là seul, croit au faux prophète Mahomet : l'empereur turc ne règne plus que sur cette contrée d'Orient. » (*V. 24 et 25.*)

Ces paroles n'ont pas besoin d'être commentées; qu'il nous suffise de faire simplement quelques remarques.

1° Il vient de se fonder à Paris une Revue *La Croisade Française*, ne serait-elle pas destinée à préparer ce « dernier des ordres religieux, les *soldats croisés* » ?... Nous le lui souhaitons !...

2° Ces soldats doivent « porter sur leurs drapeaux l'image du Christ », ne voit-on pas déjà dans les pèlerinages le drapeau du Sacré-Cœur ? Il a, il est vrai, les trois couleurs nationales, mais... c'est nécessaire à notre époque !...

3° « Les restes de la secte mahométane sont rejetés dans la Palestine. » — L'Antéchrist, devant naître en Palestine, n'aurait-il pas là, dans ces *restes turcs*, par un dessein de la Providence, le noyau de son armée satanique???...

. . . .

On verra :

b) **L'arrivée des Juifs en Palestine.**

O Juifs, traqués par toute l'Europe, vous l'achetez cette Palestine avec vos immenses richesses, pour y établir votre royaume de Juda! Dieu vous attend! vos yeux s'ouvrent à la lumière, vous reconnaissez que Jésus-Christ et Marie sont de votre race, votre gloire, votre honneur! » (*V. 26.*)

Encore quelques remarques sur ce verset.

1° Les Juifs doivent « acheter la

Palestine », mais n'a-t-on pas vu dernièrement les Israëlites tenir un Congrès, à Bâle, dans le but d'étudier les moyens pratiques de créer un *Etat juif?* Ne serait-ce pas Dieu lui-même qui leur inspire cette pensée, et qui leur conserve leurs milliards pour rendre possible leur désir? Je sais que « Jérusalem est la relique sacrée de la chrétienté, comme le dit si bien la *Croisade Française*, que Jérusalem doit rester sous le protectorat des nations chrétiennes, que le Pape a fait entendre sa voix autorisée aux Chefs d'Etat, pour qu'ils ne laissent pas les Hébreux prendre possession des Lieux saints », mais que faut-il conclure de cela? Que les Juifs n'entreront *jamais* à Jérusalem, ou bien que les temps ne sont *pas encore arrivés?*

A chacun son opinion!...

2° Mon avis, à moi, je ne force personne à l'accepter, c'est que tant que les Juifs seront dispersés, nous n'aurons que des conversions partielles ; quand, au contraire, ils seront arrivés à se grouper, quand ils auront fondé leur *Etat juif*, alors ils croiront que, pour eux, les temps sont proches, ils auront des... *conciles*, ils étudieront mieux leur *Bible*, qui est la nôtre, ils verront leur condamnation, car Dieu, à ce moment, leur ouvrirait les yeux, et ils reconnaîtront « que Jésus-Christ et Marie sont de leur race, leur gloire, leur honneur ! »

3° D'après le verset 35 de la Concordance, l'Antéchrist doit naître « d'une religieuse hébraïque, d'une fausse vierge », d'après plusieurs commentateurs de l'*Apocalypse*, « d'une mahométane. » Il n'y a pas ici de contradiction : cette religieuse pourrait être *juive* du côté de sa mère et *mahométane* du côté de son père, mais voici la conséquence qui semble découler de cette prédiction : pour qu'une pareille naissance ait lieu, il faut que les Juifs et les Turcs habitent la Palestine, ce qui arriverait, d'après les prophéties, pendant le règne du grand monarque...

. . . .

On verra :

c) La continuation du concile du Vatican.

« O Monarque, aussi sage que puissant, plein de zèle pour les intérêts et la gloire de Dieu et pour les intérêts de la sainte Eglise, accordez votre protection au Concile général, convoqué par le saint Pontife et auquel accourent les délégués de toutes les nations de l'univers !... C'est fait : le sens des divines Ecritures est de nouveau déclaré et reconnu contraire à toutes les sectes qui ont déchiré le sein de l'Eglise depuis son berceau. Dieu touche le cœur des hérétiques et des schismatiques : trois princes et rois mettent bas le manteau de l'erreur et voient clair en la foi de Dieu. Un grand peuple de la mer reprend vraie croyance en deux tierces parts. » (V. 27 et 28.)

Le prochain Concile général, d'après cette prophétie, aurait pour but de mieux approfondir encore « le sens des divines Ecritures », de faire connaître les déclarations de la noble assemblée à toutes les nations et d'amener par là, Dieu aidant de sa grâce, la conversion des hérétiques et des schismatiques, conversion, qui, d'ailleurs, se prépare, au moins pour les premiers.

« Ce grand peuple de la mer, qui *reprend* vraie croyance, en deux tierces parts », ne serait-ce pas l'Angleterre ?...

Pour tout résumer en quelques mots, qui nous diront *beaucoup* sur cet âge d'or, vers lequel nous soupirons, nous n'avons qu'à citer la dernière partie du verset 28 : « O ciel ! quel triomphe pour l'Eglise : c'est le plus beau qu'elle ait jamais vu. C'est la paix parmi les hommes ; il n'y a plus *qu'un seul pasteur et un seul troupeau.* »

***

4° Pouvons-nous fixer des dates précises sur l'avènement de la catastrophe et du triomphe qui doit suivre, environ trois mois après ?

RÉPONSE : on ne peut fixer des dates *précises*, mais on peut *conjecturer* sur leur proximité. Nous allons essayer de le faire.

Et d'abord, je suis presque persuadé que la catastrophe (ne m'en voulez pas, car j'ai promis de vous donner *toutes* mes appréciations personnelles) que la catastrophe, dis-je, a été renvoyée : elle aurait dû arriver en 1880 ou 1881.

Cela vous étonne? Mais rappelez-vous ces paroles du prophète Jonas : « Encore quarante jours et Ninive sera détruite » et cependant Ninive ne fut détruite que bien longtemps après : c'est la pénitence qui, en ce moment, la sauva.

Nous savons, en effet, que toutes les prophéties qui prédisent des malheurs sont *conditionnelles*. Notre-Dame de la Salette a soin de nous le rappeler : « S'ils se convertissent, dit-elle, les pierres et les rochers se changeront en blé... »

Donc, je le répète, à mon avis, la catastrophe devait arriver, en l'année 1880 ou 1881. Voici sur quoi je me base :

1° En 1830, sœur Catherine Labouré, dans une de ses visions, entendit ces paroles : *Dans le clergé de Paris, il y aura des victimes. Monseigneur l'archevêque mourra... Mon enfant, la croix sera méprisée, on la jettera par terre, on ouvrira de nouveau le côté de Notre-Seigneur ; les rues seront pleines de sang ; le monde entier sera dans la tristesse.* » A ces mots, sœur Labouré pensait : « Quand cela arrivera-t-il ? » Et une lumière intérieure lui indiqua distinctement *quarante ans, puis dix, puis la paix.*

Marie annonçait par là les tristes événements de 1870-1871, ainsi que la mort de Mgr Darboy, archevêque de Paris, qui fut massacré, à cette époque, par les fédérés.

Mais 1870-1871, puis *dix*, faisait 1880-1881...?...

2° Dans le verset 33 de la prophétie du solitaire d'Orval, on lit ces paroles : *Dix fois six lunes et pas encore dix fois six lunes (environ dix ans) ont nourri sa colère.*

Beaucoup de commentateurs font partir le commencement de ces dix années de la guerre de 1870-1871. Par conséquent la colère divine aurait dû éclater à peu près à l'époque précitée, 1880-1881...??...

3° Si la catastrophe était arrivée à ce moment-là, il aurait fallu un Libérateur? Précisément, à cette époque, Henri V paraissait avoir toutes les qualités pour devenir un Grand Roi... on l'attendait... des prophéties l'avaient même nommé par son nom... il semblait être le « donné de Dieu, le noble exilé, le roi de Blois », mais, dans les desseins de Dieu, la catastrophe et le triomphe, devant être renvoyés, Henri V n'est plus nécessaire et il meurt mystérieusement, laissant les enfants de France dans la plus grande consternation.

Vous me direz, peut-être, si Henri V était le grand monarque prédit, le triomphe n'arrivera pas, maintenant qu'il est mort, et les prophéties, par là même, ne se réaliseront pas.

Rassurez-vous ; d'abord je n'assure pas que Henri V était le Monarque prédit et puis le fût-il, « ce que Dieu a prévu, il le veut », pensez-vous que Dieu ne pourra pas susciter, quand les temps seront arrivés, un autre prince qui aura toutes les qualités du comte de Chambord et en plus une qualité qu'il ne possédait pas : *l'audace, la fermeté de caractère ?*

D'ailleurs, nous avons déjà dit qu'il n'y aurait rien d'étonnant que Dieu gardât, dans les lacets de sa Providence, un enfant de Louis XVI !... *Fiat !... Amen !...*

Comme conclusion de ce qui précède, ne pourrait-on pas assurer que *la catastrophe et le triomphe ont été certainement renvoyés ?*

— Certainement renvoyés ! comme vous êtes affirmatif !... sur quoi, je vous prie, fondez-vous votre affirmation ? Sur ce qui précède ? Je voudrais d'autres preuves.

— Les voici, mon ami, les voici !

1° Dans le verset 6 de la Concordance, nous lisons : « ...Le Vicaire de mon Fils, le Souverain Pontife Pie IX, aura beaucoup à souffrir... ni lui, ni son successeur, *qui ne règnera pas longtemps*, ne verront le triomphe de l'Eglise. »

Si la catastrophe et le triomphe que le successeur de Pie IX, d'après les paroles de ce verset, ne doit point voir, étaient arrivés, comme nous le supposons, en l'année 1880 ou 1881, Léon XIII, aurait eu un règne de deux à trois ans, ce qui, certes, aurait bien réalisé la parole prophétique « qui ne règnera pas longtemps » ; or, il y aura bientôt vingt ans que Léon XIII est sur le siège de Rome... j'en conclus que la catastrophe et le triomphe *ont été renvoyés*.

Veuillez remarquer en outre que plusieurs personnes respectables pensent que c'est « tout à fait *providentiel* qu'un homme maladif, comme l'était notre illustre pontife, ait pu se conserver jusqu'à ce jour. » (Il est dans sa quatre-vingt-huitième année).

2° A Pontmain, le 17 janvier 1871, des enfants ont pu lire au-dessus de la Vierge, qui leur était apparue, ces consolantes paroles : « *Mais priez, mes enfants... Dieu vous exaucera en peu de temps... Mon Fils se laisse toucher...* »

A la Salette, au contraire, la Sainte Vierge avait dit : « *Si mon peuple ne veut pas se soumettre, je suis forcée de laisser aller la main de mon Fils. Elle est si lourde, si pesante, que je ne puis plus la retenir.* »

Ces paroles nous disent assez que de 1846, époque où Marie est venue verser des larmes, à 1871, il y a eu dans la conduite des chrétiens une amélioration, et que par ces paroles : « *mon Fils se laisse toucher* », la Sainte Vierge semble dire : « Non, mes enfants, les nouveaux malheurs n'arriveront pas en 1881, comme je l'avais dit, en 1830, à Sœur Labouré, non, « mon Fils se laisse toucher », il attendra encore pour frapper : il veut s'assurer de votre persévérance. »

Est-il donc téméraire, je vous le demande, de penser que la catastrophe a été renvoyée... mais qu'elle est en suspens, au-dessus de nos têtes, comme l'épée de Damoclès?

Après ces considérations, voulez-vous, mon cher lecteur, que nous cherchions à deviner à peu près l'époque où ces choses arriveront? Nous ne serons peut-être pas infaillible, car l'avenir... l'avenir est à Dieu; mais enfin, raisonnons toujours, et puis... advienne que pourra.

Un député sérieux, versé dans la politique, disait tout dernièrement ces paroles : « Politiquement parlant, je crois *qu'avant trois ans*, nous aurons du nouveau. »

Examinons si ces paroles ne se trouveraient pas en accord avec quelque prophétie.

« Ni lui (Pie IX), ni son successeur... ne verront le triomphe de l'Eglise. » (vers. 6.) Qui donc le verra? Celui qui, après Léon XIII, montera sur le siège de Rome : c'est la conséquence qui découle tout naturellement des paroles de ce verset.

Or, cela ne peut pas tarder, vu l'âge très avancé de notre bien-aimé Père. Lui-même n'a-t-il pas dit, dans ses deux dernières encycliques : « Nous sentons notre fin prochaine? » Peut-être ajoute-t-il foi à la prophétie d'un bon religieux capucin qui, dit-on, lui aurait prédit *vingt ans* de pontificat : la vingtième année prend fin le 20 février 1898 !...

Qu'y aurait-il d'étonnant si, à sa mort, les sectaires italiens se jetaient sur le Vatican pour s'en emparer, et si ce commencement de révolution amenait une guerre générale? Qui vivra, verra !...

De plus, en 1898 ou en 1899, si je suis bien renseigné, une comète doit apparaître sur la voûte des cieux. Ne serait-ce pas l'annonce de quelque grand événement?...

Rapprochez de ces raisons celle que nous avons donnée au 3° de l'article I, et vous pourrez conclure, je crois, que la date de ces choses extraordinaires n'est *probablement* pas éloignée.

***

5° La catastrophe arrivera-t-elle

sûrement? Sera-t-elle aussi épouvantable que la décrivent les prophéties?

RÉPONSE : Je ne pense pas que la catastrophe soit aussi terrible, aussi épouvantable que nous la décrivent les prophéties, mais je crois, cependant, qu'il est nécessaire qu'elle arrive.

Je m'explique :

Comme nous l'avons déjà vu, les prières et les pénitences faites par les fidèles, de 1846 à 1871, ont eu le mérite de faire renvoyer les malheurs, mais est-ce que, depuis la guerre, les chrétiens se sont endormis? Bien au contraire.

En 1872, je vois s'ouvrir l'ère mémorable des grands pèlerinages, à la Salette et à Lourdes. Des milliers et des milliers de pèlerins, venus des quatre coins du monde, font monter vers le ciel leurs ardentes prières, leurs mortifications et leurs pénitences.

Des hommes d'illustre famille se sont levés, pleins de zèle et de dévouement, pour défendre l'Eglise et la Papauté, pour combattre les faux principes et les mauvaises passions : ils veulent, à tout prix, rallier les cœurs droits et les gagner à Jésus-Christ ; pour cela, ils se mettent à la tête de toutes les œuvres religieuses, politiques et sociales.

Oh ! qui dira le nombre incalculable des sociétés religieuses, des confréries, des archiconfréries, des congrégations, qui surgissent, à chaque instant, comme une montagne gigantesque, dont le sommet s'élève peu à peu jusqu'au trône du Seigneur notre Dieu ?

Qui dira tous les sacrifices que font, en particulier, tous les catholiques de France pour maintenir, coûte que coûte, l'Œuvre de la *Propagation de la Foi*, de la *Sainte-Enfance* et de *Saint-François de Sales*, l'Œuvre des *Ecoles chrétiennes libres*, l'Œuvre de *Saint-Vincent de Paul*, l'Œuvre des *Dames de charité*, etc., etc.

Qui dira tout le bien que font les grands pèlerinages de Lourdes, de la Salette, de Pontmain, de Paray-le-Monial, d'Ars, de Notre-Dame du Sacré-Cœur, à Issoudun, de Montmartre, de Rome, de Jérusalem?

Qui dira le nombre des communions réparatrices qui se font, dans le monde entier, pour obtenir pardon et miséricorde?

Qui pourra enfin compter tous ces *Ave Maria* qui, depuis quelques années, montent vers la Reine du Ciel, pendant le mois béni du Rosaire, voulant lui arracher, à tout prix, le triomphe de l'Eglise et le salut de la France?

Donc, si les chrétiens, nos frères, ont mérité, par leurs prières, que la Vierge soit venue, en 1871, leur faire comprendre, par ces paroles : « Mon Fils se laisse toucher », que les malheurs annoncés étaient renvoyés, nous pouvons bien penser, nous, que Marie, heureuse des efforts que nous faisons pour plaire à son divin Fils, nous obtiendra la grâce de voir la catastrophe *mitigée*, et *très mitigée*. Si les visions de l'école de Tilly sont réelles et divines, la Sainte Vierge est venue nous apporter l'espérance, car elle a *souri* et *béni* plusieurs fois. De plus, voici la remarque consolante que l'on peut faire :

En 1846, Marie est apparue à la Salette, à l'*Ouest*, et y a établi son premier rempart.

En 1858, elle est descendue au *Midi*, à

Lourdes, pour y poser son second rempart.

En 1871, elle remonte à l'*Est*, à Pont-main, désirant y placer son troisième rempart.

Enfin, en 1896, elle serait apparue au *Nord*, à Tilly, dans la chrétienne Normandie, pour y implanter son quatrième et *probablement* son dernier rempart.

Comment ne pas reconnaître là, ami lecteur, que Marie nous aime, que Marie nous *gâte* même, et qu'elle n'a qu'un désir et un désir ardent : nous protéger, nous défendre, nous *SAUVER !*

O Marie, si on vous invoque sous ce nom : « *Tour d'ivoire, Tour de David* », on pourra bien peut-être, dans la suite, vous saluer de ce nouveau titre :

Rempart de France,
Priez pour nous.

Redisons-le avec une grande joie : la catastrophe sera, grâce à Marie, il faut l'espérer, *mitigée*, et même *très mitigée;* mais nous ne pensons pas qu'elle soit tout à fait *supprimée*.

Nous en avons donné une forte raison en décrivant, au moins en partie, la prostitution de la nouvelle Babylone, mais on pourrait ajouter ceci :

Si la foi semble se réveiller, si les catholiques prient beaucoup et font pénitence, si Marie nous encourage par ses apparitions nombreuses et par les miracles qu'elle accorde *à profusion;* d'un autre côté, le mal ne paraît pas diminuer, au contraire les impies augmentent chaque jour et de nombre et d'intensité dans leur rage satanique.

Il faut donc, cela semble naturel, que le châtiment, lui aussi, augmente d'intensité, au moins dans le *Fléau* qui, d'après les prophéties, doit *uniquement* frapper les impies...

Ut inimicos sanctæ Ecclesiæ humiliare digneris, te rogamus, audi nos!

Seigneur, nous vous en prions, daignez humilier les ennemis de la sainte Eglise!

CHAPITRE TROISIÈME

LA FIN DES TEMPS

Ce chapitre, bien cher lecteur, n'est pas fait, croyez-le bien, pour vous épouvanter; au contraire il a été écrit pour vous rassurer.

Bien des prophètes, en effet, vous ont prédit la fin du monde, les uns pour l'année 1897, qui fuit à grands pas, les autres pour 1899, d'autres pour

1921, ceux-ci pour 1929 ou 1930, ceux-là pour 1950. A tous, sans exception, vous pouvez adresser ces paroles de Notre-Seigneur Jésus-Christ : « Pour ce jour et cette heure, personne ne les sait, pas même les anges du ciel ; il n'y a que le Père. » (*S. Matth.*, chap. XXIV, verset 36).

Que ferons-nous, nous-même ? Chercherons-nous à fixer une date à un événement que Dieu le Père *seul* connaît ? A Dieu ne plaise, nous craindrions, comme les Gaulois, nos ancêtres, « que le ciel ne tombe sur notre tête », en punition de notre témérité ; mais ce que nous ferons, le voici : nous raisonnerons simplement sur les prophéties que nous possédons, pour voir si la fin des temps est *peu* ou *très* éloignée ; nous dirons ensuite quelques mots de ce terrible et dernier cataclysme.

ARTICLE I.

Conjectures sur la date approximative de la fin des temps.

1° D'après les prophéties, la paix ou le triomphe de l'Eglise doit durer vingt-cinq ans (vers. 29), puis arrive un avant-coureur de l'Antéchrist qui fait, dans l'espace de quinze ans, disparaître insensiblement la fleur blanche (verset 31.) En supposant que la paix ou le triomphe advienne, comme nous l'avons déjà dit, dans trois ans environ, ceci nous porte déjà en 1940.

Mais ce n'est pas encore la fin : « voici (vers. 33), voici la *fausse paix* dans le monde. On ne pense qu'à se divertir. Les méchants se livrent à toutes sortes de péchés. »

Combien doit durer cette fausse paix ? cinq ans, dix ans, vingt ans, cinquante ans ? Mystère ! mystère ! mystère ! « Personne ne le sait, pas même les anges du ciel. »

C'est pendant cette fausse paix que doit naître l'Antéchrist qui, d'après le sentiment commun, régnera l'espace de trois ans et demi.

Mais alors quand nous saurons que l'Antéchrist est sur terre (si nous sommes alors en vie), nous pourrons en conclure que la fin des temps arrivera mille deux cent soixante jours, après le commencement de son règne ?

Erreur profonde ! il n'est pas dit que la fin du monde arrivera *immédiatement* après la mort de l'Antéchrist, mais seulement que l'Antéchrist précédera la fin des temps. Donc encore une fois, mystère ! « Pour ce jour et cette heure, personne ne les sait, pas même les anges du ciel ; il n'y a que le Père. »

Une chose est certaine c'est que la fin du monde arrivera comme un éclair, au moment où l'on y pensera le moins : elle sera néanmoins précédée de tous les signes décrits dans le chapitre XXIV de saint Matthieu, dont nous donnons plus loin la traduction.

⁂

Une question curieuse à débattre : *La fin du monde arrivera-t-elle avant l'an DEUX MILLE ?*

Les uns disent « non », la plupart disent « oui ». Nous sommes de l'avis de ces derniers : en voici les raisons.

1° « Quant aux cieux, dit saint Pierre, dans sa IIe Ep., chap. III, v. 7 et 8, qui existent maintenant, et à la terre, c'est par la même parole qu'ils sont conservés, étant réservés au feu pour le jour du jugement et de la ruine des hommes impies. Mais il est une chose que vous ne devez pas ignorer, mes bien-aimés, c'est *qu'un seul jour devant le Seigneur est comme mille ans, et mille ans comme un seul jour.* »

« Ce texte signifie, à notre avis, dit Amédée Nicolas, dans son *Commentaire de l'Apocalypse, qu'un jour* de la création est *mille ans* de la durée du monde ; que *mille ans* de la durée du monde sont *un jour* de la création. D'où naît cette conséquence, que le monde durera six fois mille ans, parce qu'il a été créé en six jours ; et d'où pourrait aussi naître cette autre conséquence, que chaque jour de la création est de mille ans, et que la création totale a pris six mille ans.. car, évidemment, ajoute-t-il, si saint Pierre eût seulement voulu dire que le temps *était court devant Dieu*, à tel point que mille ans n'étaient que comme un jour, il n'aurait pas commencé par poser le contraire, et affirmer que le temps *était long* devant le même Dieu, puisqu'un jour était comme mille ans. »

Donc, d'après ce sentiment, qui paraît fondé, la fin du monde ne doit pas dépasser l'an *deux mille*.

***

2° On parle beaucoup de cette prophétie, non pas de Jésus-Christ, comme on le croit généralement, mais du prophète Malachie qui dit que le monde chrétien doit durer *mille ans et plus*. Il semble bien que, si, de Jésus-Christ à la fin des temps, il devait s'écouler plus de deux mille ans, ou de trois mille ans, le prophète aurait dit « deux mille ans et plus, trois mille ans et plus. » Mais est-ce certain ? n'a-t-il pas voulu prendre le mot *mille* d'une manière tout à fait générale ? A chacun d'interpréter ce mot, comme il l'entend.

∴

3° La plupart des Pères et Docteurs de l'Eglise ont pensé que la durée totale du monde serait de six mille ans. Or, d'après le comput de la Vulgate, Jésus-Christ, étant né en l'an 4004, la fin du monde, d'après leur sentiment, devrait arriver avant l'an deux mille.

∴

4° Si la fin des temps doit arriver bientôt après la mort de l'Antéchrist, il est fort probable, d'après ce que nous avons dit, qu'elle ne dépassera pas l'an deux mille.

Sur ce sujet, comme on le voit, on ne se base que sur des probabilités, on ne peut avoir rien de précis, rien d'exact, rien de certain. Pourquoi ? parce que, nous le répétons, le divin Maître a dit : « Pour ce jour et cette heure, personne ne les sait, pas même les anges du ciel. »

Vigilate et orate. Veillez et priez.

ARTICLE II.

Quelques mots sur le dernier cataclysme.

Quand les vingt-cinq ans du triomphe de l'Eglise, seront écoulés, un avant-coureur de l'Antéchrist doit combattre, avec ses troupes de plusieurs nations, contre le vrai Christ, le seul Sauveur du monde.

Quel sera cet homme de mal? Il n'y aurait rien d'invraisemblable que ce fût l'empereur turc, relégué par le Grand Roi, au fond de la Palestine, qui aurait eu le temps, pendant la paix, d'organiser une armée nombreuse et qui, nouveau Mahomet, s'abattrait alors, plein de rage, sur tous les chrétiens?

L'avenir dévoilera ses secrets.

En tout cas, la peste, la famine et la guerre séviront en ce moment, la fleur blanche s'obscurcira pendant une quinzaine d'années et puis disparaîtra pour toujours.

D'après le verset 32 de la Concordance, le grand monarque déposerait à Jérusalem son sceptre et sa couronne; puis, après la fausse paix dont on ignore la durée, aurait lieu le grand combat, entre le bien et le mal, la dernière lutte de Satan contre le Christ.

Dieu lui permettra, dans cette dernière persécution, de déployer toute sa puissance, et de montrer toute sa rage. Malheur, alors, aux habitants de la terre ! Heureuses seulement seront les âmes humbles, qui se laisseront conduire par le Saint-Esprit et qui mettront leur confiance dans le Seigneur !

Dieu, qui est toujours si bon et si miséricordieux, réserve, pour ces temps d'épreuves, un grand patriarche et un grand prophète, Hénoch et Elie, qui sauront ranimer la foi et lutter contre les erreurs de l'Antéchrist. Selon saint Augustin et plusieurs autres Pères de l'Eglise, Hénoch et Elie auraient été transportés dans le Paradis terrestre, où ils useraient de l'arbre de vie, pour conserver l'incorruptibilité. Nous donnerons plus loin une petite étude sur l'existence de ce lieu de délices.

Voilà à peu près, cher lecteur, ce que j'avais à vous dire sur ce sujet si obscur. Si vous voulez vous bien pénétrer de tout ce qui arrivera en ce triste temps, relisez attentivement la Concordance, depuis le verset 30 jusqu'à la fin, et puis... méditez *profondément* le chapitre XXIX de l'Evangile de saint Matthieu, dont je vous donne ici la traduction, dans un article spécial.

ARTICLE III

Evangile selon saint Matthieu.

CHAPITRE XXIV

1. Jésus étant sorti du temple, s'en alla. Alors ses disciples s'approchèrent

pour lui faire remarquer les constructions du temple.

2. Mais lui-même, prenant la parole, leur dit : Voyez toutes ces choses? En vérité je vous dis : Il ne restera pas là pierre sur pierre qui ne soit détruite.

3. Et comme il était assis sur le mont des Oliviers, ses disciples s'approchèrent de lui en particulier, disant : Dites-nous quand ces choses arriveront? et quel sera le signe de votre avènement et de la consommation du siècle?

4. Et Jésus répondant, leur dit : Prenez garde que quelqu'un ne vous séduise;

5. Car beaucoup viendront en mon nom, disant : Je suis le CHRIST, et beaucoup seront séduits par eux.

6. Vous entendrez parler de combats et de bruits de combats. N'en soyez

point troublés, car il faut que ces choses arrivent ; mais ce n'est point encore la fin.

7. Car un peuple se soulèvera contre un peuple, un royaume contre un royaume ; et il y aura des pestes et des famines, et des tremblements de terre en divers lieux.

8. Mais toutes ces choses sont le commencement des douleurs.

9. Alors on vous livrera aux tribulations et à la mort, et vous serez en haine à toutes les nations à cause de mon nom.

10. Alors beaucoup se scandaliseront ; ils se trahiront et se haïront les uns les autres.

11. Beaucoup de faux prophètes aussi s'élèveront, et beaucoup seront séduits par eux.

12. Et parce que l'iniquité aura

abondé, la charité d'un grand nombre se refroidira.

13. Mais celui qui persévérera jusqu'à la fin, celui-là sera sauvé.

14. Et cet Evangile du royaume sera prêché dans le monde entier, en témoignage à toutes les nations ; et alors viendra la fin.

15. Quand donc vous verrez l'abomination de la désolation, prédite par le prophète Daniel, régnant dans le lieu saint (que celui qui lit entende) :

16. Alors, que ceux qui sont dans la Judée fuient sur les montagnes ;

17. Et que celui qui sera sur le toit ne descende pas pour emporter quelque chose de sa maison ;

18. Et que celui qui sera dans les champs ne revienne pas pour prendre sa tunique.

19. Mais malheur aux femmes en-

ceintes et à celles qui nourriront en ces jours-là !

20. Priez donc que votre fuite n'arrive pas en hiver, ni en un jour de sabbat.

21. Car alors la tribulation sera grande, telle qu'il n'y en a point eu depuis le commencement du monde jusqu'à présent, et qu'il n'y en aura point.

22. Et si ces jours n'eussent été abrégés, nulle chair n'aurait été sauvée; mais à cause des élus, ces jours seront abrégés.

23. Alors, si quelqu'un vous dit : Voici le CHRIST, ici ou là, ne le croyez pas.

24. Car il s'élèvera de faux Christ et de faux prophètes; et ils feront de grands signes et des prodiges, en sorte que soient induits en erreur (s'il peut se faire) même les élus.

25. Voilà que je vous ai prédit.

26. Si donc on vous dit : Le voici dans le désert, ne sortez point : Le voilà dans le lieu le plus retiré de la maison, ne le croyez pas.

27. Car, comme l'éclair part de l'orient et apparaît jusqu'à l'occident, ainsi sera l'avènement du Fils de l'homme.

28. Partout où sera le corps, là aussi s'assembleront les aigles.

29. Mais aussitôt après la tribulation de ces jours, le soleil s'obscurcira, et la lune ne donnera plus sa lumière; les étoiles tomberont du ciel et les vertus des cieux seront ébranlées.

30. Alors apparaîtra le signe du Fils de l'homme dans le ciel; alors pleureront toutes les tribus de la terre, et elles verront le Fils de l'homme venant dans les nuées du ciel, avec une grande puissance et une grande majesté.

31. Et il enverra les anges, qui, avec une trompette et une voix éclatante, rassembleront ses élus des quatre vents de la terre, du sommet des cieux jusqu'à leurs dernières profondeurs.

32. Apprenez la parabole prise du figuier. Quand ses rameaux sont encore tendres et ses feuilles naissantes, vous savez que l'été est proche.

33. Ainsi vous-mêmes, lorsque vous verrez toutes ces choses, sachez que le CHRIST est proche, à la porte.

34. En vérité je vous dis que cette génération ne passera point jusqu'à ce que toutes ces choses s'accomplissent.

35. Le ciel et la terre passeront, mais mes paroles ne passeront point.

36. Mais pour ce jour et cette heure, personne ne les sait, pas même les anges du ciel ; il n'y a que le Père.

37. Et comme aux jours de Noé,

ainsi sera l'avènement du Fils de l'homme.

38. Car, comme ils étaient aux jours d'avant le déluge, mangeant et buvant, se mariant et mariant leurs enfants, jusqu'au jour où Noé entra dans l'arche.

39. Et qu'ils ne reconnurent point le déluge, jusqu'à ce qu'il arriva et les emporta tous : ainsi sera l'avènement même du Fils de l'homme.

40. Alors de deux hommes qui seront dans un champ, l'un sera pris, et l'autre laissé.

41. De deux femmes qui moudront ensemble, l'une sera prise et l'autre laissée.

42. Veillez donc, parce que vous ne savez à quelle heure Notre Seigneur doit venir.

43. Mais sachez ceci : si le père de famille savait à quelle heure le voleur

doit venir, il veillerait certainement et ne laisserait pas percer sa maison.

44. C'est pourquoi vous aussi, tenez-vous prêts ; car vous ignorez l'heure à laquelle le Fils de l'homme doit venir.

45. Qui, pensez-vous, est le serviteur fidèle et prudent que son maître a établi sur tous ses serviteurs, pour leur distribuer dans le temps leur nourriture ?

46. Heureux ce serviteur, que son maître, lorsqu'il viendra, trouvera agissant ainsi.

47. En vérité, je vous dis qu'il l'établira sur tous ses biens.

48. Mais si ce mauvais serviteur dit en son cœur : Mon Maître tarde à venir ;

49. Et qu'il se mette à battre ses compagnons, à manger et à boire avec des ivrognes :

50. Le maître de ce serviteur viendra le jour où il ne s'y attend pas, et à l'heure qu'il ignore.

51. Et il le divisera, et il lui donnera ainsi sa part avec les hypocrites : là sera le pleur et le grincement de dents.

APPENDICE

EXTRAITS DIVERS

venant confirmer les diverses prophéties.

I. — SUR L'ARRIVÉE DU GRAND ROI

Amédée Nicolas, commentant les versets 20-25 du chapitre XXII d'Isaïe, en fait la glose suivante :

« A ta place (à la place de Napo-
« léon III), j'appellerai et placerai mon

« serviteur *Eliacim*, fils d'*Helcias*, qui est
« le souverain légitime. Je le revêtirai
« de ta tunique, je lui donnerai ta
« ceinture et ta force, je mettrai ta
« puissance dans sa main ; et il sera
« comme le père de ceux qui habitent
« Jérusalem (c'est-à-dire, des fidèles
« qui forment mon Eglise, et de Rome
« où siège mon Vicaire), ainsi que de
« la maison de Juda, dont il facilitera
« et procurera le retour dans la terre
« promise. Il fera ces grandes choses,
« il arrivera, malgré tout, au trône,
« parce que je placerai sur son épaule
« la puissante clef de David qui est
« dans mes mains. Avec elle, il fera
« dans le monde, tout ce qu'il voudra,
« sans que personne puisse lui résister ;
« il ouvrira la *porte du bien* et de la vérité,
« sans que personne puisse la fermer ;
« il fermera la *porte du mal*, sans que nul

« ne puisse la rouvrir pendant son « règne. »

— « Tu m'as été infidèle, même en« nemi ; tu as trahi mon Eglise que tu « avais déclaré vouloir défendre, il « n'en sera pas de même d'Eliacim ; « il fera toutes mes volontés. »

— « *Je le fixerai dans la fidélité*, comme « on fait d'un bois que l'on enfonce « dans un mur, et qui ne peut de lui« même en sortir ; et tandis que tu as « été le déshonneur de ta famille et de « ton nom, il sera, lui, comme un « trône de gloire pour la maison de « son père. »

— « Toute la gloire de la maison de « son père reposera sur sa tête pour « s'ajouter, comme une nouvelle cou« ronne, à sa gloire personnelle. Pour « l'honorer, on lui offrira avec bon« heur et reconnaissance, les objets

« les plus précieux et les plus magni-
« fiques. »

Mais Eliacim est mortel.

— « Il mourra donc lui, qui était
« fixé dans la fidélité, qui était presque
« nécessairement fidèle, et tout le bien
« qui venait de lui, qui tenait à lui,
« qui se soutenait par lui, tombera
« avec lui parce que le Seigneur l'a
« ainsi voulu. »

— « *Eliacim*, ajoute-t-il, signifie la
« *résurrection venant de Dieu* (*resurrectio Dei*).
« Ce nom indique donc que le règne
« d'Eliacim, bien qu'il fût souverain
« légitime, était humainement impos-
« sible, parce que la légitimité était
« bien morte, quoiqu'elle fût *seule de*
« *droit*, aux yeux des hommes, même
« à ceux des membres du haut et bas
« clergé ; et que, s'il remonte sur son
« trône, ce sera une véritable résur-

« rection, opérée par le Tout-Puis-
« sant. »

— « Quant à *Helcias*, nom du père « d'*Eliacim*, il revient à *Pars Dei*, la part « de Dieu. Il nous paraît indiquer un « personnage qui n'a pas rempli toute « sa carrière, qui a été enlevé de la « terre avant le temps et qui est ainsi « devenu la *part de Dieu* pour les années « pendant lesquelles il aurait pu vivre « encore. » (*Commentaire de l'Apocalypse*, « p. 184 et suiv.)

Les dernières paroles d'Amédée Nicolas semblent se rapporter à ce que nous avons dit dans l'article : *Du Triomphe*.

Helcias, désignerait Louis XVI et *Eliacim* un de ses descendants... ???...

II. — SUR LE SACRE DU ROI

Prédiction tirée du « Pieux Sténographe » de décembre 1882 et rapportée par l'abbé Tholon.

Mgr Langénieux, actuellement archevêque de Reims, était encore enfant âgé de dix ans, lorsque dans sa ville natale (Villefranche-sur-Saône), une femme l'arrêta dans la rue. Cette femme passait pour sainte dans le pays : *J'ai quelque chose à vous dire* » dit-elle à l'enfant, et elle ajouta : « *Vous serez archevêque de Reims et vous sacrerez le Roi.* »

Aujourd'hui, Mgr Langénieux dit à qui veut l'entendre : « La première partie de cette prédiction s'est accomplie, et j'attends l'accomplissement de la deuxième. »

Je tiens cette anecdote d'un religieux,

qui la tenait lui-même du grand vicaire de Mgr Langénieux.

Signé : Abbé BAGUET,
curé de Béhéricourt, par Noyon (Oise).

Extrait du « Progrès Sténographique »
du 8 janvier [illegible]

Dans le dernier r[illegible]éro du *Pieux Sténographe,* j'avais r[illegible]té une anecdote d'après laquelle une sainte femme aurait prédit à Mgr Langénieux qu'il serait archevêque de Reims et qu'il *sacrerait le roi.*

Cette anecdote a fait une certaine sensation parmi les lecteurs du *Pieux Sténographe,* et on a voulu voir si j'étais bien informé. On s'adresse pour cela à l'archevêché de Reims, à Mme Langénieux elle-même ; car la mère de Mgr Langénieux existe encore et elle est avec son fils (Monseigneur était alors à Rome).

Cette dame, à qui on communiqua l'article du *Pieux Sténographe*, répondit que le fait était vrai en lui-même, sauf quelques détails. Mgr Langénieux avait alors sept ans, et non pas dix, comme l'avait dit le *Pieux Sténographe*. Sa mère était avec lui, le tenant par la main, lorsque la sainte femme l'arrêta et lui dit :

« *Mon enfant, vous serez évêque et vous sacrerez le roi.* »

Mgr Langénieux avait dû en conclure qu'il serait archevêque de Reims, et il l'avait dit, lorsqu'il fut nommé évêque de Tarbes.

Signé : Abbé Baguet.

Réflexion. Si par ces mots *vous sacrerez le roi*, la sainte femme voulait dire que

Mgr Langénieux ferait le quatorzième centenaire du *sacre du roi* (de Clovis), la prophétie est entièrement accomplie, si, au contraire, elle a voulu désigner Mgr Langénieux, comme le consécrateur du *futur* monarque, la chose serait encore possible : Mgr l'archevêque a soixante-treize ou soixante-quatorze ans et le *grand Roi*, comme nous l'avons vu, ne tarderait pas à apparaître.

C'est le secret de l'avenir !

III. — SUR LE GRAND TRIOMPHE UNIVERSEL DE L'ÉGLISE

Les extraits suivants montrent que ce triomphe se prépare un peu partout.

Extrait du « Musée des jeunes filles », numéro d'Octobre 1897.

— « Le parlement *norwégien* a dernièrement voté une loi très importante, abrogeant l'interdiction qui, *depuis trois siècles de luthéranisme,* pesait sur l'établissement des Ordres religieux catholiques dans ce pays.

« L'approbation royale n'est pas douteuse : on connaît la sympathie que le roi Oscar II professe pour la France, berceau de son aïeul le roi Bernadotte et aussi pour le catholicisme qui était la religion de sa mère, la princesse de Leuchtenberg.

« La liberté *religieuse pour les catholiques,* a dit un pasteur luthérien, membre du parlement et défenseur de la loi, est le *meilleur moyen* d'arrêter l'impiété et l'athéïsme. »

Extrait de la « Semaine Religieuse » de Nîmes, numéro d'Octobre 1897.

— « Mgr Casanova, archevêque de Guatemala, dans l'**Amérique centrale,** est rentré dans la capitale de la République, d'où il avait été exilé, il y a une dizaine d'années. Cet *heureux événement* montre que ce pays, un des plus agités jusqu'ici par les menées de la franc-maçonnerie, se trouve enfin dans une *meilleure situation.* »

— « Les conquêtes catholiques sur

les îles lointaines de l'**Océanie** sont aussi rapides que consolantes. Le plus grand événement de l'Eglise australienne, en cette année, c'est le second synode de Sydney, tenu sous la présidence du cardinal Moral, légat du Saint-Siège, qu'entourait une couronne de vingt-trois Prélats.

Quelle croissance rapide dans cette jeune Eglise! En moins de soixante-dix ans, elle a couvert ce pays, vaste comme un monde, de chrétiens soumis au Saint-Siège et de fervents adorateurs de Jésus-Christ.

Aussi un journal *protestant* écrit : « Le zèle des catholiques est admirable; ils viennent de tenir leur second synode national avec un succès incomparable. Il y a cinquante ans, qui se serait risqué à le prédire, aurait été accueilli par la risée publique. Si l'avenir ne dément pas le passé, le catholicisme romain aura une influence capitale dans notre vie nationale. »

(Tous les ennemis de l'Eglise feraient bien d'imiter au moins cette franchise d'un journal protestant, et non pas, au contraire, *mentir impunément et sans rougir*, comme ils le font chaque jour.)

— « Or, ajoute la *Semaine*, ces progrès ne se ralentissent pas. — Nos églises, dit l'archevêque d'Adélaïde, *regorgent* de fidèles, et nos écoles *n'ont pas assez de place* pour les enfants qui les *envahissent*. — « Pendant que nous nous lamentons, poursuit le journal protestant, de l'apathie et de l'irréligion de nos adhérents, eux, les catholiques, entonnent des chants d'allégresse sur la bonne tenue de leurs paroisses et la fécondité de leur zèle. »

— « Quoique l'**Inde** appartienne aux Anglais, les *trente-deux* sociétés protestantes qui travaillent à sa conversion n'ont pu, avec leurs bibles et leurs livres sterling (12 millions de francs de subsides annuels), convertir que 292.000 individus.

« Avec des moyens bien plus restreints, malgré les *persécutions*, un *schisme long* et déplorable, le catholicisme a fait des progrès beaucoup plus appréciables.

« L'Inde comptait 475.000 catholiques en 1800, elle en comptait 1.700.000 en 1890. Ainsi en quatre-vingt-dix ans, la population catholique a presque *quadruplé*. Depuis *dix ans seulement* le catholicisme est libre de toute entrave et déjà le Souverain Pontife a demandé la création de séminaires, pour former un clergé indigène. »

Extrait du « Journal de Lourdes » du 24 octobre 1897.

— « **En Chine**, rapporte un Evêque missionnaire, le plus grand nombre de femmes et beaucoup d'hommes récitent le Rosaire tout entier : il est rare qu'on ne récite que cinq mystères... et lorsque les Chinois le récitent en commun, ils ne peuvent le faire à voix basse, mais comme en psalmodiant, à haute voix et posément.

« La vénération des Chinois, ajoute le Prélat, est grande non seulement pour la prière du Rosaire, mais encore pour le Rosaire lui-même ; souvent ils s'accusent en confession d'avoir touché le Rosaire, sans s'être lavé les mains, ou de l'avoir laissé tomber à terre.

« Quant à la manière de réciter le

Rosaire chez les Chinois, qu'on juge s'ils sont moins pieux que nous :

« Agenouillés et prosternés la face contre terre, ils disent à voix basse *Confiteor, Misereatur ;* puis, à genoux, on fait le double signe de la croix, avec l'invocation du Saint-Esprit, en chantant le *Veni sancte Spiritus,* et l'oraison en langue chinoise. Si c'est l'heure de l'*Angelus,* on récite l'*Angelus,* sinon les litanies de la sainte Vierge ou des Saints. Avant ou après, l'on offre à Dieu les intentions des fidèles ; comme l'exaltation de notre Mère la sainte Eglise, la conservation du suprême pasteur Léon XIII, la conversion des pécheurs en Chine, etc., etc. — Suivent les mystères, et enfin le *Salve* et l'oraison, les actes de Foi, d'Espérance et de Charité. »

Avant d'aller plus loin qu'on veuille bien remarquer ici qu'avec le Rosaire, saint Dominique a converti plus de cent mille hérétiques, que c'est le Rosaire qui, à Lourdes, obtient de si nombreux miracles, soit spirituels, soit temporels !...

Pour montrer la piété profonde des Chinois en même temps que leur délicatesse de conscience, voici ce que le Prélat ajoute :

« Comment ! mon Père, vous me donnez seulement *trois* Rosaires, et il y a un an que je n'ai *pu* me confesser !

— Que répondre, quand souvent j'avais *à peine trouvé matière à l'absolution ?* Je leur disais que, s'ils en avaient le temps, ils en ajouteraient d'autres à leur gré.

— J'en ajouterai *huit*, cela suffira-t-il, Père ? »

Sans engager leur conscience, je leur disais :

« Faites comme il vous plaira. »

D'autres s'écriaient :

« Comment ! pour tant de péchés, seulement *quinze* Rosaires ? C'est trop peu, je puis en dire *quinze* de plus. »

Je répliquais :

« ...Vous en ajouterez tant qu'il vous plaira. »

Goûtez et comparez, âmes françaises !

IV. — SUR LA FUTURE CONVERSION DE L'ANGLETERRE

« **L'Angleterre** se convertira entièrement, a dit tout dernièrement Mgr Béguinot, aux fêtes d'Arles, parce que, grâce à Dieu, elle a conservé trois choses essentielles : le principe d'autorité, le respect des droits de Dieu, par l'observation du dimanche, et enfin le principe de liberté. »

***

« Il y a par *mois*, ajoute Mgr l'évêque de Soutward (Angleterre), plus de *sept cents* conversions, non par entraînement, mais après mûre réflexion, après de sérieuses études et souvent au prix des plus durs sacrifices. En 1840, l'Angleterre comptait à peine cent mille catholiques ; le nombre dépasse aujourd'hui un *million*. »

***

« Environ *quatre cents* anciens ecclésiastiques anglicans appartiennent aujourd'hui au clergé catholique actif de l'Angleterre (dernier numéro de l'*Ave Maria* de Londres.) »

Nous en extrayons un passage d'un sermon tout récent du docteur presbytérien, Robert Court :

« Tous les bons protestants, dit-il, devraient vénérer et honorer la sainte Vierge, non seulement à cause de son caractère personnel, mais parce qu'elle est la sainte Mère de Dieu. Je dirai que, pour mon compte, il y a longtemps que j'ai appris à aimer et honorer Marie. Jusqu'à ce que l'horloge du temps frappe la dernière heure, les générations après les générations l'appelleront spécialement bénie et bienheureuse. Et pourquoi ? A cause de son Fils. L'Incarnation est le dogme central du christianisme. Niez la maternité divine, ou refusez-lui la place d'honneur qu'elle mérite, la théologie devient une simple philosophie, et vos églises de simples clubs de *dilletanti.* »

***

« Le 17 octobre dernier, dit l'*Eclair*, a été inauguré solennellement, à Saint-Sulpice, l'Archiconfrérie de Notre-Dame de la Compassion, instituée par lettre pastorale du cardinal Richard, archevêque de Paris, dans le but de *ramener* l'Angleterre et les pays de religion anglicane *à la foi catholique* et à l'*union avec le Saint-Siège*.

« Le cardinal Vaughan, primat d'Angleterre, présidait cette cérémonie, assisté de l'évêque de Soutward. Il y avait aussi une délégation anglaise, composée d'évêques, de chanoines et de laïques. »

Espoir ! la prière ouvre toutes les portes.

V. — SUR LA PROBABLE CONVERSION DE L'ÉGLISE PROTESTANTE ÉVANGÉLIQUE DE PRUSSE

Extrait de la « Réunion des dissidents » de l'abbé Tenougi.

« En 1822, on vit dans le temple, dit l'abbé Tenougi, la croix, l'autel, les cierges ; on récita le *Kyrie*, le *Gloria*, la Collecte, l'Epître, l'Evangile, le *Credo*, la Préface, le *Sanctus*, le *Memento* des vivants, le *Pater*. Les ministres revêtirent l'habit commun des ecclésiastiques catholiques, la robe, le rabat, le chapeau tricorne. On alla plus tard jusqu'à laisser établir la messe et la confession, en Hanovre et en Prusse. Un synode de 1857 rendit la confession obligatoire aux élèves dans les collèges de la Prusse, ce qui amena quelques personnes à dire : *S'il faut nous confesser, nous irons trouver ceux qui n'ont jamais abandonné la confession.* »

« On vit les protestants des classes supérieures s'empresser à recueillir des aumônes pour le Chef de l'Eglise ; ils contribuèrent plus tard au denier de Saint-Pierre et souscrivirent à l'épée d'honneur que l'Allemagne offrit à Lamoricière. Le buste de Pie IX couronné fut placé dans plus d'un temple de village. »

« Maintenant, ajoute le célèbre Guillaume Meinhold, auteur de la *Fée de l'Ambre* et du *Chevalier Hager*, depuis que, par la théologie de Schleiermacher, la plupart des ministres de nos jours sont revenus à la croyance de la divinité de Jésus-Christ, et qu'un mélange de luthéranisme et de piétisme est devenu le fanal conducteur de nos théologiens, la chose n'offre plus les mêmes difficultés.

« Tous ces hommes, si l'on en excepte toutefois les *vieux luthériens*, ont franchi d'eux-mêmes l'abîme immense qui nous séparait de l'Eglise catholique. La doctrine que *l'homme est justifié par la foi seule, sans les œuvres,* ne retentit plus nulle part du haut de nos chaires. Or, ce fut cette doctrine qui donna naissance au protestantisme, et c'est pourquoi on l'a appelée le *principe matériel,* de la Réforme.

« Luther savait très bien ce qu'il disait, lorsqu'il adressait cette exhortation à ses disciples : « *Tenons ferme à cet article* (de la justification par la foi *seule*). *Si nous venions à le perdre, nous ne serions plus en état de combattre, de résister à Satan et au Pape; bien moins encore pourrions-nous les vaincre.* »

« Cette circonstance est, ce me semble, un grand pas déjà fait pour un rapprochement... Déjà plusieurs ministres raisonnables ont exprimé le désir de voir s'opérer une réconciliation définitive avec l'Eglise catholique et moi-même j'ai été pressé verbalement et par écrit de continuer, sans hésitation, à poursuivre ce but. »

N'est-ce pas ce vif désir de voir *bientôt* toutes les nations rendre hommage à Jésus-Christ *dans l'unité de la foi*, qui a inspiré cette prière, à laquelle un décret de la Sacrée Congrégation des Indulgences du 7 février 1897, attache 100 jours d'indulgences une fois le jour, et cela jusqu'à la fin de l'année 1901?...

La voici, nous la donnons pour ceux

qui voudraient la réciter; ce serait peut être le moyen le plus efficace d'éloigner la *Catastrophe* et d'amener le *Triomphe* :

« Accordez-nous, Dieu de clémence, par l'intercession de la bienheureuse Vierge Immaculée, la grâce d'expier, par les larmes de notre pénitence, les fautes de ce siècle qui s'éteint et de *préparer* l'aurore du suivant, afin qu'il soit tout entier consacré à la gloire de votre Nom et au règne de Jésus-Christ votre Fils, auquel puissent *toutes les nations* rendre hommage dans l'*unité de la foi* et la perfection de la charité. Ainsi soit-il. »

Oui, nous le répétons : Qu'il en soit ainsi, *Amen! Amen! Amen!*

VI. — SUR LA FIN DE L'EMPIRE OTTOMAN

Nous lisons dans le chap. XII, v. 6 : « Et la femme (c'est-à-dire l'Eglise) « s'enfuit dans le désert (s'enfuit de « Jérusalem)... pour y être nourrie « mille deux cent soixante jours. »

Ainsi, d'après les Commentateurs, Jérusalem doit rester sous le joug mahométan 1260 ans, ou 1278 ans et demi, dans le système solaire, comme le veut Amédée Nicolas, système qui est depuis longtemps, celui de l'Eglise catholique.

Mais faut-il faire commencer ces 1278 ans et demi, au début du mahométisme en 622, à la mort de Mahomet en 633, ou à la prise de Jérusalem, par Omar Ier en 636 ? on ne peut assurer ni l'une ni l'autre de ces opinions, par conséquent on peut les admettre toutes trois, ou les rejeter toutes trois : les commentateurs ne sont pas infaillibles.

La première opinion (622+1278 1/2) porterait la destruction de l'empire Ottoman vers le milieu de l'année 1900.

La deuxième opinion (633+1278 1/2) vers le milieu de l'année 1911.

Enfin la troisième opinion (636+1278 1/2) vers le milieu de l'année 1914.

Qui vivra, verra !

VII. — SUR LE RÉTABLISSEMENT DE JÉRUSALEM ET LA CONVERSION DES JUIFS

Extrait du livre de l'abbé Thomas : « Le Règne du Christ. »

« En attendant l'heure de la délivrance, ils (les Juifs) défient toutes les causes de destruction, le temps, la persécution, le mépris et la haine des autres peuples, conservant avec une indomptable ténacité leur culte, leur nationalité, le type, les défauts et les qualités caractéristiques de la race.

« Cette race est indestructible ; elle aurait dû sombrer *cent fois* sous la violence des tempêtes déchaînées contre elle, ou tout au moins se fondre et disparaître insensiblement dans la masse des populations au milieu desquelles elle vivait dispersée ; et elle reste debout, traversant les siècles et les peuples, sans qu'il apparaisse aucun symptôme d'une fusion prochaine...

« Bien aveugle celui qui refuserait de voir, dans la conservation du peuple juif, un dessein providentiel et la preuve que les destinées d'Israël *ne sont pas accomplies*. Le fait est d'autant plus digne d'attention qu'il a été longtemps à l'avance prévu et annoncé par les Prophètes... »

***

Voici, en effet, quelques-uns des textes de la sainte Ecriture, qui annoncent le rétablissement d'Israël :

« Israël, voici ce que dit le Seigneur
« qui t'a créé et qui t'a donné l'être.
« Ne crains point, parce que je t'ai
« racheté et que je t'ai appelé par ton
« nom, en disant : Tu es à moi... Je
« ferai venir de l'Orient ta postérité,
« je la rassemblerai du couchant. Je
« dirai au Septentrion : Rends-la moi,
« et au Midi : Ne mets point obstacle
« à son retour; sers, au contraire, de
« conducteur à mes enfants qui viennent
« de loin, et à mes filles qui viennent
« des extrémités de la terre. »

(*Isaïe*, XLIII, 1-7.)

*
* *

Ezéchiel, dans son chapitre XXXVI est encore plus expressif :

« La maison d'Israël, dit-il, a habité « dans sa terre et l'a souillée par ses « crimes. J'ai répandu mon indignation « sur eux à cause du sang qu'ils ont « versé ; je les ai dispersés parmi les « nations, en les frappant suivant leurs « actes.

« Pendant leur dispersion parmi les « nations ils ont encore profané mon « nom, lorsqu'on leur disait : Com- « ment ! ce peuple est le peuple de Dieu, « et il a été contraint à abandonner son « pays ! Eh bien, cet état ne durera « pas plus longtemps. Je vous enlèverai « du milieu des nations ; je vous ras- « semblerai de tous les pays, et vous « amènerai dans votre terre.

« Je ne ferai pas cela pour vous, pour « vos mérites, car vous avez souillé « mon nom au milieu des peuples; « mais à cause de mon saint Nom, et « lorsque les voyageurs verront que « votre terre demeurée jusqu'alors sans « culture, est cultivée, ils diront : « Comment se fait-il que cette terre « inculte est devenue un jardin de « délices, que les villes désertes, délais- « sées et dévastées sont rebâties et « fortifiées ?

« Et les nations sauront que c'est « moi, le Seigneur, qui ai fait toutes « ces merveilles. »

Les Juifs doivent aussi se convertir; Moïse le dit expressément (*Deut.*, IV-30) : « Aux derniers temps, *novissimo tempore*, « tu retourneras au Seigneur, ton Dieu, « et tu écouteras sa voix. »

***

« Je répandrai sur la maison de
« David, ajoute le prophète Zacharie
« (chap. XII-10), et sur les habitants de
« Jérusalem, un esprit de grâce et de
« prière ; ils lèveront les yeux sur moi
« qu'ils auront renié, percé, crucifié ;
« ils pleureront sur ce grand crime
« comme on pleure sur la mort d'un
« fils unique, et ils seront dans la
« désolation, comme on a coutume de
« l'être, lorsqu'on a perdu son fils
« premier-né. »

Voici l'opinion d'Amédée Nicolas sur la manière dont s'opérera la conversion générale et définitive des Juifs.

(*Comment.*, p. 226 et 227).

« Les Juifs, dit-il, comptent et calculent toujours, avec Dieu aussi bien qu'avec les hommes ; il n'y eut jamais de peuple plus matériel, plus spéculateur, plus humainement positif ; ils ne font jamais rien pour rien ; ils vendraient leur âme pour de l'argent, car, suivant la parole de Moïse, ils ont eu, ils ont, et ils auront toujours la *tête bien dure.*

« Lorsqu'ils verront que l'Antéchrist vient pour les dépouiller de leurs richesses, ils trouveront d'abord cela très mauvais de sa part, mais ils se raviseront bientôt. Ils se diront : « On « vole ses ennemis ; on enrichit ses « amis au lieu de s'emparer de ce qui « est à eux, adhérons donc à Gog, « reconnaissons-le pour le Messie, puis-« qu'il le veut ; par là nous garderons « ce que nous avons, et nous pourrons « de plus nous enrichir encore à sa « suite. Peu importe qu'il soit, ou non,

« le Messie ; l'important pour nous *c'est*
« *de sauver la caisse,* et de la remplir
« encore plus si nous le pouvons. Don-
« nons-lui donc tous les titres qu'il
« voudra. »

« Les deux tiers des Juifs, revenus dans la Palestine adhéreront donc au fils de perdition ; mais l'autre tiers, qui ne voudra pas suivre cet exemple, souffrira d'une manière terrible, de la part de ses frères, et de celle de l'Antéchrist...

« L'Antéchrist et ses innombrables troupes sont exterminés par le bras du Tout-Puissant...

« Ce n'est qu'après cet immense événement, que les deux tiers, qui avaient été infidèles, se convertissent à Notre-Seigneur Jésus-Christ d'une manière définitive...

« Et la nation hébraïque tout entière

demeurera fidèle jusqu'au dernier jour du monde : *et non abscondam ultra faciem meam ab eis.* » (*Ez.*, ch. XXXIX, v. 19).

VIII. — SUR L'ANTÉCHRIST

Extrait de la « fin des Temps » de l'abbé Gérardin.

« Pour punir les nations profondément perverties à la fin des siècles, Dieu permettra au démon de déchaîner contre elles toutes ses fureurs, et Satan, dans ses combats terribles contre les peuples, se servira, comme d'un général d'armée, d'un homme digne de lui, que l'Ecriture désigne sous le nom de l'Antéchrist.

« Cet homme de péché doit précéder le second avènement de Jésus-Christ, et il nous est représenté dans l'Ecriture et dans les Pères comme le raccourci de ce qu'il y a jamais eu de *plus abominable, de plus cruel et de plus impie.* Les grands persécuteurs de l'Eglise, comme Nabuchodonosor, Antiochus-Epiphane, Néron, etc., à qui on donne parfois le nom d'antéchrist, n'étaient que les précurseurs du véritable Antéchrist, dont les prophètes Daniel et Zacharie, et saint Jean, dans son Apocalypse, nous donnent le signalement.

« Il réunira en sa personne tous les caractères de malice que l'on n'a vus que séparément dans les différents personnages de l'ancien et du nouveau Testament qui, par leur impiété, ont mérité le nom de figures ou de précurseurs de l'Antéchrist. »

IX. — SUR LA VENUE D'HÉNOCH ET D'ELIE

Extrait de la Préface de Bossuet dans son « Explication de l'Apocalypse. »

« La venue d'Hénoch et d'Elie, dit-il, n'est guère moins célèbre parmi les Pères que l'arrivée de l'antéchrist. Ces deux saints n'ont pas été transportés pour rien, du milieu des hommes, si extraordinairement, en corps et en âme. Leur course ne paraît pas achevée, et on doit croire que Dieu les réserve à quelque grand ouvrage.

La tradition des Juifs aussi bien que celle des chrétiens les fait revenir à la fin des siècles. Cette tradition à l'égard d'Hénoch s'est conservée dans l'Ecclésiastique. Que si la leçon du grec n'est pas si claire, elle est suppléée, en cet endroit comme en beaucoup d'autres, par la Vulgate, dont nul homme de sens, fût-il protestant, ne méprisera jamais l'autorité. D'autant plus que ce ne sont pas seulement les Pères latins qui établissent la venue d'Hénoch ; les Grecs y sont aussi exprès.

Pour Elie, il nous est promis en termes formels, par Malachie, dans les approches du grand et redoutable jour du Seigneur, qui paraît être le jugement. L'Ecclésiastique semble aussi l'entendre ainsi.

Il faut donc être plus que téméraire pour improuver la tradition de la venue d'Hénoch et d'Elie à la fin des siècles, puisqu'elle a été reconnue de tous ou presque tous les Pères. »

X. — SUR L'EXISTENCE DU PARADIS TERRESTRE

Extrait des « Considérations sur Dieu et sur les hommes » de l'abbé Boucarut.

« Mais ce paradis terrestre existe-t-il? Il a existé, selon le récit de l'Ecrivain sacré :

« Le Seigneur avait planté dès le « commencement un paradis délicieux, « dans lequel il mit l'homme qu'il « avait formé. Le Seigneur avait aussi « produit de la terre toutes sortes « d'arbres, beaux à la vue et dont le « fruit était agréable au goût, il avait « fait naître aussi au milieu deux « arbres ; l'arbre de vie et l'arbre de « la science du bien et du mal. De ce « lieu de délices sortait une rivière pour

« l'arroser et qui se divisait en quatre « canaux ou sources. » (*Gen.*, II, 10).

« Le mot *Eden* en hébreu veut dire *lieu de délices* et le Paradis était dans l'Eden, vers l'Orient. C'était de l'Eden que sortait une source abondante pour arroser le Paradis. Elle était si abondante que l'Ecrivain sacré lui donne le nom de rivière ou fleuve qui, se divisant en quatre, donne naissance à quatre fleuves, qui sont le Phison, le Géon, le Tigre et l'Euphrate; d'où l'on conclut que le Paradis terrestre est dans l'Arménie ou dans les environs.

« Selon Malte-Brun, l'Arménie est un grand plateau élevé, ceint de montagnes encore plus élevées et couvertes de neige; une source abondande devait naturellement s'y produire. Ce pays a été bouleversé par des tremblements de terre, selon le même écrivain. Il ajoute que l'Euphrate reçoit des affluents, disparaît dans les souterrains, forme des cataractes, devient majestueux dans la Mésopotamie, et a son embouchure dans le golfe Persique ; il en est de même du Tigre, qui se précipite dans des cavernes, reparaît plus loin et finit par se joindre avec l'Euphrate.

« Le Phison ou Fison, que les Grecs ont appelé Gange, dit saint Jérôme, prend son cours vers les Indes, traverse le Petit-Thibet et se jette dans le golfe de Bengale : le mot Phison veut dire assemblage, *caterva,* sans doute à cause des affluents qu'ils reçoit des montagnes du Kurdistan et de Caucase. »

« Le Géhon ou Géon, en hébreu *lieu escarpé,* se jette dans le Pont-Euxin, qui communique avec les autres mers qui entourent l'Afrique.

« Après les paroles des Pères, on se demande comment se fait-il que le lieu du Paradis, qu'Hénoch et Elie habitent depuis tant de siècles, ne soit pas connu? Ce lieu existe encore, si Dieu a voulu que cela soit ainsi.

« D'abord il ne jugea pas à propos de le détruire et d'anéantir l'arbre de vie qu'il avait créé, puisque l'Ecrivain sacré assure qu'il mit un ange à l'entrée pour empêcher Adam et Eve d'y rentrer. (*Gen*. III, 24).

« Adam fit connaître à ses enfants l'existence et les délices de ce lieu, mais aussi le danger de chercher à y entrer. Hénoch fut le septième Patriarche après Adam et le Paradis devait exister.

« Selon saint Chrysostome, ce Patriarche fut, au milieu de la corruption générale, agréable à Dieu, à cause de sa sainteté ; c'est pourquoi Dieu l'enleva pour montrer aux hommes combien il savait récompenser ses serviteurs fidèles. »

« Lorsque le déluge survint sous son petit-fils Noé, Dieu put le préserver, par sa toute-puissance des eaux du déluge, et conserver le Paradis qui devait être aussi le séjour du prophète Elie.

« Ce lieu est inconnu aux hommes, mais ce n'est pas une raison de nier son existence. Au Sud de l'Arménie, se trouve le Kurdistan, dont les habitants ont toujours conservé leur indépendance. Présentement même, les Kurdes ne sont soumis que de nom aux Ottomans ; ils observent dans leurs montagnes une espèce de féodalité et ont conservé les mœurs des anciens patriarches. Les Kurdes indiquent une montagne sur laquelle l'arche de Noé s'arrêta, selon la tradition de leurs ancêtres ; c'est le mont Ararat, et l'historien Josèphe assure que, de son temps, on y voyait des restes de l'arche. Les montagnes des Kurdes, selon Malte-Brun, ont aussi beaucoup de cavernes ; Adam et ses enfants purent facilement s'y retirer dans les premiers temps. Les Kurdes sont pillards et les voyageurs n'osent pas s'aventurer dans leur pays.

« Ces régions sont donc peu connues et le Paradis terrestre pourrait s'y trouver et rester inconnu aux hommes qui habitent aux environs. Dieu peut obtenir ce résultat, soit d'une manière naturelle, en le rendant inaccessible par des bois et des précipices, soit d'une manière surnaturelle, en éloignant de ce lieu et inspirant une crainte ou une répulsion.

« En effet, les historiens disent que les Kurdes sont superstitieux ; Hénoch et Elie pourraient donc résider dans ce jardin de délices, où Dieu avait placé l'arbre de vie, dont le fruit devait procurer l'immortalité ; il le créa par un acte de sa volonté ; il peut l'avoir conservé par sa toute-puissance.

« Mais malgré ces autorités et ces raisons, l'existence actuelle du Paradis, où Adam fut placé et le lieu du séjour d'Hénoch et d'Elie restent dans le domaine des opinions humaines, qu'on peut admettre ou ne pas accepter. »

CONCLUSION

Eh bien ! lecteur, il faut cependant s'arrêter et conclure.

Que vous avais-je promis dans ma préface ? Une brochure tout au moins *curieuse* et *intéressante*. Ai-je failli à ma promesse ? Je ne le pense pas : j'y ai mis, en tout cas, toute ma bonne volonté. Je vous ai donné un résumé, à peu près complet, de tout ce qu'on peut dire sur les prophéties, prédisant les événements futurs. Je vous ai fait connaître aussi toutes mes opinions personnelles, les certaines comme les douteuses. A vous maintenant de former les vôtres.

Cependant, avant de terminer ce petit

travail, je tiens à vous dire ces quelques paroles :

AMI LECTEUR,

qui venez de lire ce livre, qui que vous soyez : catholique peu fervent, juif, protestant ou impie, si, plus tard, vous êtes témoin de la réalisation de quelqu'une de ces diverses prophéties, oh ! je vous en prie et vous en conjure,

« n'endurcissez pas votre cœur », reconnaissez l'*inspiration divine* de ces paroles prophétiques et

Revenez à Dieu
qui, SEUL, peut connaître l'avenir !

***

Que je serais heureux, si, un jour, j'apprenais que mon livre a converti ne serait-ce qu'*une seule âme !*

C. M.-J. DRIGAS.

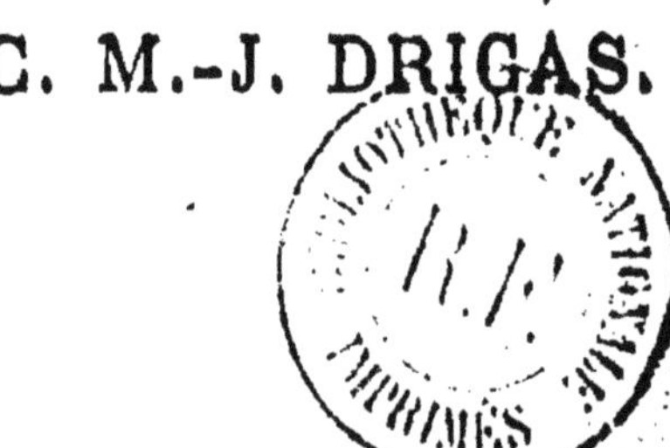

TABLE DES MATIÈRES

Saint-Just. — Impr. spéciale de la *Croisade Française*.

Bibliothèque de la Croisade Française

[illegible]

[illegible] Nobles [illegible]

[illegible] de Poli : Jean [illegible]

Tous ces volumes sont de beaux volumes in-12 format [illegible], de [illegible] à [illegible] pages environ, tout [illegible] pressés et ornés d'une belle couverture [illegible]

[illegible] volumes de 3 fr. 50, nous les cédons [illegible] aux prix suivants :

Chaque volume broché, jolie couverture chromo [illegible]

Chaque volume cartonné, genre amateur, dos et coins (toile), tranche jaspée.

Chaque volume jolie couverture toile, ornements or, tranche dorée.

Pour rendre plus rapide la diffusion de la BIBLIOTHÈQUE de la CROISADE FRANÇAISE, nous consentons, à titre exceptionnel, à expédier, comme spécimens, tous les volumes composant actuellement la Collection, aux conditions suivantes : 1 volume (désigner le titre), franco par poste, 1 fr. 65 ; [illegible] (désigner les titres), franco gare, 7 fr. 50 ; — 11 volumes (désigner les titres), franco gare, 11 fr. ; — la collection complète (17 vol.), franco gare, 21 fr. 65. — Toute demande non accompagnée d'un mandat-poste sera considérée comme nulle et non avenue.

La Croisade Française

REVUE BI-MENSUELLE

Paraissant du 1er au 5 et du 15 au 20 de chaque mois.

Abonnement annuel : 5 francs.

www.ingramcontent.com/pod-product-compliance
Ingram Content Group UK Ltd.
Pitfield, Milton Keynes, MK11 3LW, UK
UKHW021055270726
13967UKWH00012B/1554

9 782012 797116